수채화 기행

2

공간사

남프랑스편

순수와 열정의 프로방스

우리는 항상 예찬의 대상을 탐색한다. 호기심을 통해 새로운 것을 발견하고 경험하고 싶어 하기 때문이다. 이것이 늘 새로운 여행의 시작점이 된다.

바쁜 일상을 뒤로 한 채 설레이는 마음으로 먼 여행길에 올랐다. 이미 여러 차례 다녀왔지만 비행기가 프랑스 상공에 다다를 때면 언제나 가슴이 벅차오른다.
프랑스는 문화예술을 통해 역사를 이어온 매력적인 나라이다. 예술이야 말로 도시가 지금까지 살아 온 모습을 보여주는 변치않는 증거가 아닌가. 흔희 사람들은 프랑스인의 기질을 '솔리다리테(연대의식)', '톨레랑스(관용)', '앙가주망(참여)' 이라고 말한다. 이 특성이 가장 잘 나타나는 남프랑스 지역은 중세 왕정에 대한 저항운동이 가장 먼저 시작된 곳이기도 하다.
남프랑스를 여행의 목적지로 택한 이유는 여유와 해학이 있기 때문이다. 이곳 사람들은 '다른 것에 대한 인정' 이 남다르면서 '적당한 거리와 조화' 를 미덕으로 삼고 있다.

남프랑스의 도시에는 소박한 감성과 인간미, 독특한 예술적 감흥이 있다. 중세 성채도시 '칼카손느', 교육과 예술의 도시 '몽펠리

작가의 말

에', 항공산업의 도시 '툴루즈', 영화의 도시 '칸', 연극의 도시 '아비뇽', 그리고 몽테크리스트 백작, 고흐, 세잔느. 우리의 마음과 영혼을 사로잡기 충분하다.

나의 영혼이 자유롭게 남프랑스의 시간을 넘나들며 도시라는 커다란 그림 속에 빠져들었다. 내가 도시가 되고 도시가 내안에 담긴 느낌, 하나가 된 느낌이다. 프로방스의 햇살 속에서 보랏빛 긴 옷으로 대지를 덮고 있는 라벤다 꽃의 풍경은 지금도 내 가슴 속에 아련히 남아있다. 이런 감동의 씨앗들을 통해 우리는 도시를 가꾸는 통찰과 지혜를 얻을 수 있지 않을까.

그림은 사진처럼 선명하게 묘사하는 것이라기보다는 그 때의 감성을 자연스럽게 전하는 것이다. 내면의 모습을 담아 도시를 그린다는 것이 얼마나 어려운 일인가를 절실하게 느꼈다. 그리고 숨가쁘게 살아가는 독자들에게 이 여행의 기록들이 편안한 휴식으로 전해지기를 소원한다.

그림에 고결한 영혼이 묻어나는 길을 안내해 주신 이정순 박사님께 고마움을 전하며, 공간사의 이상림 대표님, 박성태 이사님과 편집부 식구들에게도 감사의 마음을 전한다.

2005년 여름
원 제 무

contents

- **4** 작가의 말

southern france

- **10** toulouse **툴루즈**
  퐁네프의 추억
- **26** montpellier **몽펠리에**
  도심광장을 사랑하는 시민들
- **42** carcassone **카르카손느**
  영롱한 성채
- **60** avignon **아비뇽**
  연극과 교황, 그리고 베네제 다리
- **74** arles **아를**
  아름다운 프로방스
- **94** marseille **마르세유**
  몬테크리스토 백작의 영혼

110	**nimes 님** 축제와 영혼의 둥지
126	**cannes 칸** 영화인의 꿈
142	**antibes 앙티브** 피카소의 영혼
154	**nice 니스** 지중해의 에덴동산
174	**monaco 모나코** 오! 그레이스 켈리

southern france

넓은 포도밭이 펼쳐지고 태양이 강렬하게 비추는 꼬뜨 다쥐르 해변
알퐁스 도데와 생텍쥐베리, 고흐를 키우고 노스트라다무스를 잉태한
프로방스 지방의 처절한 아름다움, 그리고 올리브 나무…
이 곳에 사는 사람들의 넉넉한 마음과 낭만이 이방인의 발길을 붙잡는다.

ce

toulouse   nimes
montpellier   cannes
carcassone   antibes
avignon   nice
arles   monaco
marseille

fra

toulouse,
france

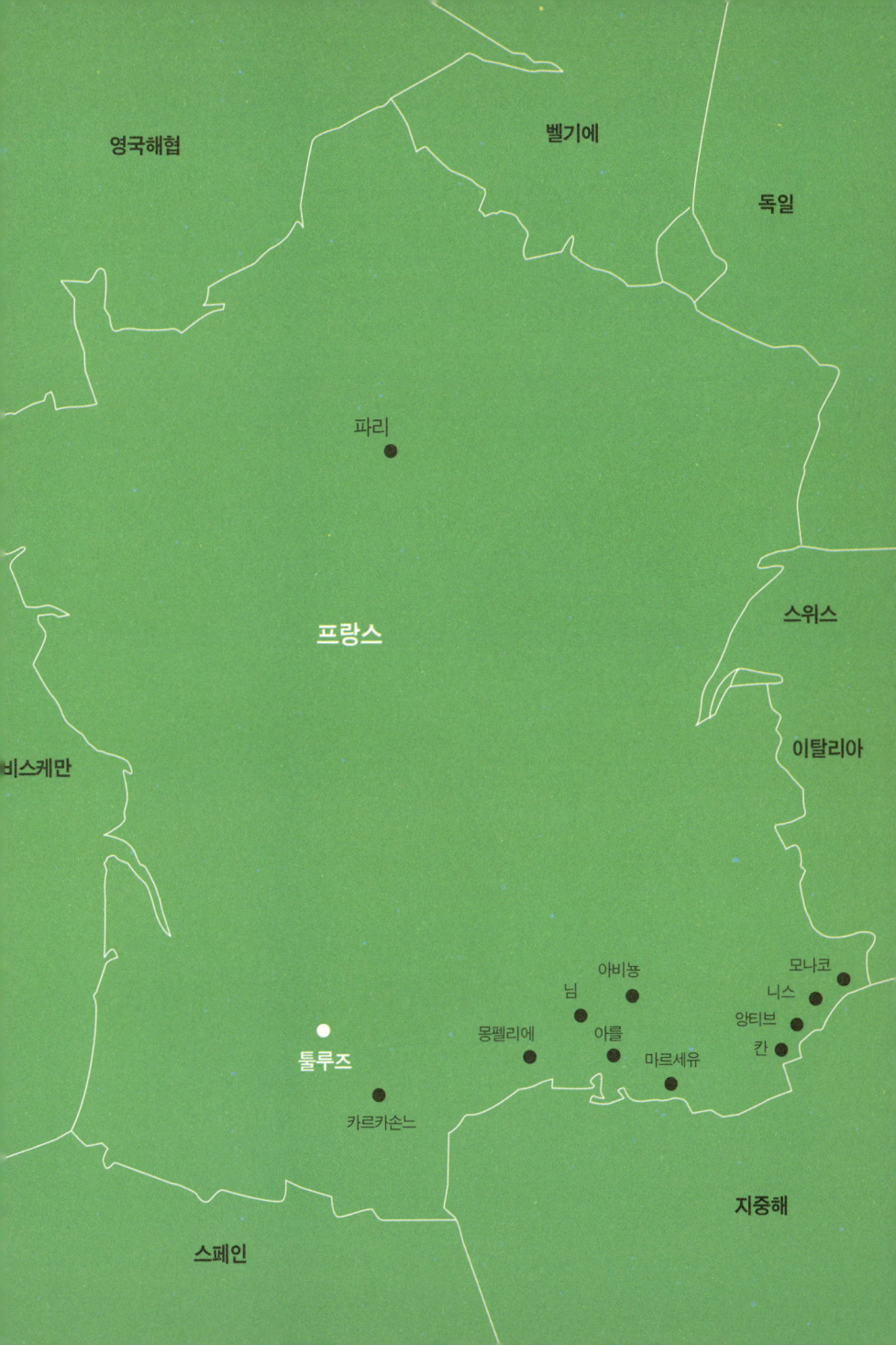

toulouse, france

퐁네프의 추억

툴루즈

1

아……
감탄사 외에 다른 말이
생각나질 않는다.
근사한 다리 하나가
나그네의 발걸음을
다리로, 다리로 옮기게
만드는 것만 같다.

구시가지와 신가지를 연결하는 퐁네프다리

새벽녘, 파리에서 681Km 떨어져 있는 툴루즈에 도착했다.

까만 융단 위에 보석이 박힌 듯, 새벽하늘의 별은 맑고 깨끗하다. 어린 왕자와 생텍쥐베리의 별을 보면서 "중요한 것은 눈에 보이지 않아"라는 여우의 말이 떠올랐다. 상쾌한 바람이 가슴을 채우며 몸을 감싼다. 눈에 보이지는 않지만 이 바람이 새로운 여행의 시작을 알리며 나를 이끌고 있다.

  툴루즈는 항공과 전자 산업 등 첨단 산업으로 유명하다. 그러나 그 이면에는 무한한 상상력과 창조력이 뒷받침하고 있다.

  "툴루즈 사람만이 유독 하늘에 대한 상상력이 풍부해 시대를 앞서가는 비행기와 로켓을 만든 것은 아닙니다. 1차 대전이 일어나자 독일에 노출되지 않는 지역에서 전투기와 무기를 만들어야 했는데 이러한 조건을 만족하는곳이 바로 툴루즈였습니다. 1차대전의 항공기 제작을 경험으로, 2차대전 때는 프랑스 정부가 아예 이 도시를 전투기와 항공기 제작 도시로 특성화시켜 버린 것입니다. 그래서 콩코드, 에어버스를 만들었고, 아리안 로켓을 개발하기도 하였습니다. 그래서 이 도시가 항공 산업의 메카가 된 것이죠".

  아리안 로켓 개발을 담당하는 그의 말을 들으며 전후 툴루즈의 음산한 풍경이 머리 속에 떠오른다. 전쟁의 상처를 딛고 항공 산업도시로 우뚝 선 툴루즈가 새롭게 보이기 시작했다.

  페르마의 논리와 생땍쥐베리의 다정다감한 혼이 툴루즈에 흐르지 않았다면 지금처럼 항공산업이 발달했을까?

첨단 항공 산업의 메카인 툴루즈를 형상화해 본다.

숲길을 따라 걷는다.
풀벌레 소리와 물소리가 정겹다.

'그래, 바로 이거야'
    시청 앞 광장에서 무릎을 탁쳤다. 시원한 바람을 맞으며 자전거 페달을 힘차게 밟는 아이들과, 개를 데리고 산책을 나온 노부부의 모습이 정겹다. 탁 트인 광장과 함께 이들의 행복한 모습이 가슴 속까지 시원하게 만든다. 눈을 감고 이 곳만의 자유를 느껴본다. 비록 인구에 비해 너무 넓어 삭막해 보이기도 하지만 시청앞에 시민을 위한 장소가 있다는게 놀랍다.

운하에 정박한 배

나는 일행과 함께 캐피톨 광장 부근의 인도차이나 식당(Restaurant L'Indochina)에서 점심을 먹었다. 우리나라의 3류 중국집 수준이다. 해물 잡탕과 날아가는 쌀로 만든 밥을 먹으면서, 모두 한 마디씩 한다. "세계 어디를 가도 중국 음식점이 널려 있으니, 정말 대단한 사람들이야"
"맞아, 이런 곳까지 중국 요리가 퍼져 있다니, 정말 놀라워…"
기름진 음식으로 허기진 배를 채우고 오페라 하우스를 향해 걸었다.
여기는 건물에서도 핑크빛이 감돈다. 핑크색 돌로 건축된 이 공간에서 툴루즈 사람들은 오페라를 보고 들으며 예술로 승화된 삶과 사랑의 열정을 함께 공유한다.
모래와 돌이 부족해 구하기 쉬운 핑크색 돌로 건물들을 지었다고 하지만 이 도시의 토질자체도 예술적인 기질을 가지고 있는 것은 아닐까? 도

청정한 새벽, 안개 속의 운하가 방문객을 유혹한다.

시 곳곳에서는 쉬지 않고 콘서트가 열린다. 사람들의 마음 속에 찌들어 있는 먼지와 때는 예술의 혼으로 씻어내고 아름다운 감성의 옷으로 갈아 입는다. 예술이야말로 현대인의 스트레스를 치유하는 만병 통치약이 아닌가.

　툴루즈의 아티스트들은 유능한 의사처럼 그들의 병명과 상태가 어떤 것인지를 잘 알고 정확한 처방을 내리는 것만 같다. 어렵고 심오해서 자신만 만족하는 독단적 예술이 아닌, 대중과 호흡하며 같이 즐기는 아티스트들을 보며 예술이 곧 삶이고, 삶이 곧 예술이라는 생각이드는 것은 당연하다.

툴루즈 근방에서 생산되는 핑크색 벽돌로 단장한 시청 건물과 중심광장

"툴루즈처럼 다양한 박물관을 가진 도시도 드물 것입니다"

안내원이 슬며시 귀띔 해준다. 최근에 가론 강 건너 신시가지에 아바또 (Abattoirs)라는 현대미술관이 주홍색의 아름다운 모습으로 나타났다. 예술의 도시라고는 하지만 이방인이 보기에는 조금 과장된 구석이 없지 않다. 일행들과 함께 아바또 미술관을 관람하고 있을 때. 엄마 손을 잡은 어린아이의 천진난만한 얼굴이 우리에게 다가온다. 그애가 우리를 쳐다보며 엄마의 귀에 대고 "어디에서 온 사람들이야?"라고 계속 묻는 통에 엄마는 아이의 성화에 못 이겨 "어느나라에서 왔느냐?"라고 우리에게 물었다. 미술관 내부를 관람하는 동안 그 애는 내내 "꼬레 꼬레"를 외치며 설쳐댔다. 그리고는 아주 즐겁다는 듯이 우리 일행에게 연거푸 윙크를 보냈다.

우리의 인생이 그러하듯 툴루즈도 로마의 침입으로 도시가 불타고 여러 차례 시민운동이 일어났으며 많은 사람들이 희생되는 등 파란만장한 삶을 살아왔다. 비온 뒤 땅이 굳어진다고 했던가, 지금의 툴루즈는 인생의 노년기에 자신의 뒤안길을 돌아보는 노인처럼 넉넉하고 편안한 모습으로 살아가고 있는 듯 하다.

현란한 간판과 매연으로 꽉 찬 우리의 도시와는 달리, 각자 개성은 있지만 조화를 이루는 이 곳의 가게들이 이채롭다. 주위 경관은 아랑곳하지 않고 내 것만 앞세우는 것이 아니라, 내 것과 네 것이 적절하게 조화를 이루는 모습. 그것은 마치 서로를 어우르는 듯한 넉넉한 인심으로 느껴진다. 툴루즈는 어느 곳에서 그림을 그려도 캔버스는 부드러운 색채로 봄을 맞는다. 예술적 감각이 한번에 생기는 것이 아니듯 예술적 도시를 만드는 것도 하루 아침에 만들어진 것은 아니었으리라.

도시를 산책하다가 생기가 넘치는 교회 앞에 서서 나도 모르게 미소를 짓는다. 이 교회 주변은 다른 곳처럼 한적한 느낌이 아니라, 싱그러운 젊음이 있다. 상설시장(市場)이 서서 물건을 사고 파는 사람들로 북적거린다. 따사로운 햇살 아래 노래하는 악사, 노인과 젊은이들이 어우러져 체스를 두는 모습에서 그야말로 사람냄새가 물씬 풍긴다.

햇살도 잠을 청하며 침실로 향할 무렵 시원한 바람을 맞으며 밤의 정취를 맛본다. 나는 조명 아래 자태를 뽐내는 교회앞 벤치에 앉았다. 이 교회는 12세기부터 16세기까지 약 400년에 걸쳐 지어졌다.

스테인드글라스의 신비스러운 모습과 장미형의 큰 창문이 고풍스럽다. 어둠에 쫓겨 종종 걸음으로 어디론가 흘러가는 사람들을 쳐다보고 있노라니, 그들은 금새 시야에서 벗어나 자취를 감춘다. 그리고 가슴 가득 사랑을 채운 쌍쌍의 연인들이 천천히 교회 앞을 지나간다. 그들의 달콤한 사랑의 속삭임을 엿보던 교회는 등대처럼 우뚝서서 연인들을 감싸주고 있다.

운하가 한 편의 그림처럼 눈앞에 펼쳐진다.

운하가 한 편의 그림처럼 눈앞에 펼쳐진다. 강렬한 태양이 쏟아지면 운하는 사람들을 유혹하듯 물결치며 반짝거린다. 운하를 보면서 사람들이 느꼈을 희망이 나의 마음 속에도 꿈틀거리고 있다.

옆으로 흐르는 운하의 아름다움에 매료되어 발걸음을 멈췄다. 머리 위 나뭇가지에는 검은새가 날아와 푸드덕거리고 있다. 강물에 비쳐 흐느적거리는 나무를 보고 있자니 시간이 멈춰 선 느낌이다. 멀리 운하

최근에 건축된 아바또(Abattoirs) 현대미술관

에 떠 있는 배를 바라보며 〈떠나가는 배〉를 마음속으로 불러본다.

> … 가는 배야 가는 배야
> 그 곳이 어디메뇨
> 강남길로 해남길로
> 바람에 돛을 맡겨
> 물결 속으로

Saint-Sernin 교회. 교회주변에 요일별로 다양한 장(場)이 선다.

어둠 속으로
아주 멀리 떠나가는 배…

부드러우면서 애잔한 바리톤 가수의 목소리가 들려오는 듯 하다. 비록 돛은 없지만, 운하를 오가며 많은 사람들을 실어 날랐을 배의 지난 날이 툴루즈의 세월만큼이나 길게만 느껴진다.

육각형의 도시 툴루즈
도시의 남북으로 가론 강이 흐른다.

멀리 퐁네프 다리가 시야에 들어온다.
    아… 입에서 탄성이 절로 나온다. 감탄사 외에 다른 말은 생각나질 않는다. 근사한 다리 하나가 사람들을 이 도시로 이끄는 것만 같다.

    네가 날 길들이면 내 생활은 환히 밝아 질거야. 여느 발자국 소리와는 다르게 들릴 발자국 소리를 알게 될거야. 다른 발자국 소리는 나를 땅 속으로 들어가게 하지만, 네 발자국 소리는 음악처럼 나를 굴 밖으로 불러낼거야.
                                                    – 〈어린 왕자〉 중에서

    '퐁네프(Pont Neuf)'는 불어로 다리를 말한다. 프랑스 도시마다 유난히 퐁네프가 많다. 운하 옆으로 나무가 무성하게 빼곡히 들어서 있다. 나무들은 여름의 열정으로 온통 초록 천지다. 가을이 오면 붉은 단풍으로 물들겠지만…

야간에 조명을 받은 Saint- Etiene 교회

    퐁네프 다리를 건너가자, 내 안에 숨겨져 있던 뜨거운 열정과 사랑이 밖으로 튕겨나올 것만 같다.
    거리의 부랑자로 희망 없이 살던 남자와 정신분열증에 빠진 부유층의 여자가 가슴 뜨겁게 사랑을 나눴던 영화 〈퐁네프의 연인들〉(1991년)이 떠오른다. 시력을 잃어가는 여인을 위해 퐁네프 다리 위에서 폭죽을 터뜨리며 세상을 환하게 밝혀주는 남자의 사랑이 애절하게 가슴에 남는 것은 왜일까.
    인생에서 사랑의 열정으로 가득한 청춘기가 지나면 사랑이 식어

신시가지쪽에서 바라 본 퐁네프다리

버릴 지도 모른다는 착각에 빠진다. 하지만 사랑은 여유와 평안이라는 옷을 갈아입고 늘 우리 곁에 머물고 있다.
    퐁네프 다리 위에 캔버스를 놓고 붓을 잡는다.
    나는 이곳에서 사랑을 고백한 수많은 연인들의 숨겨진 밀약을 몰래 엿듣은 다리를 그리고 있다. 사랑을 그리고 있다.

**montpellier,
france**

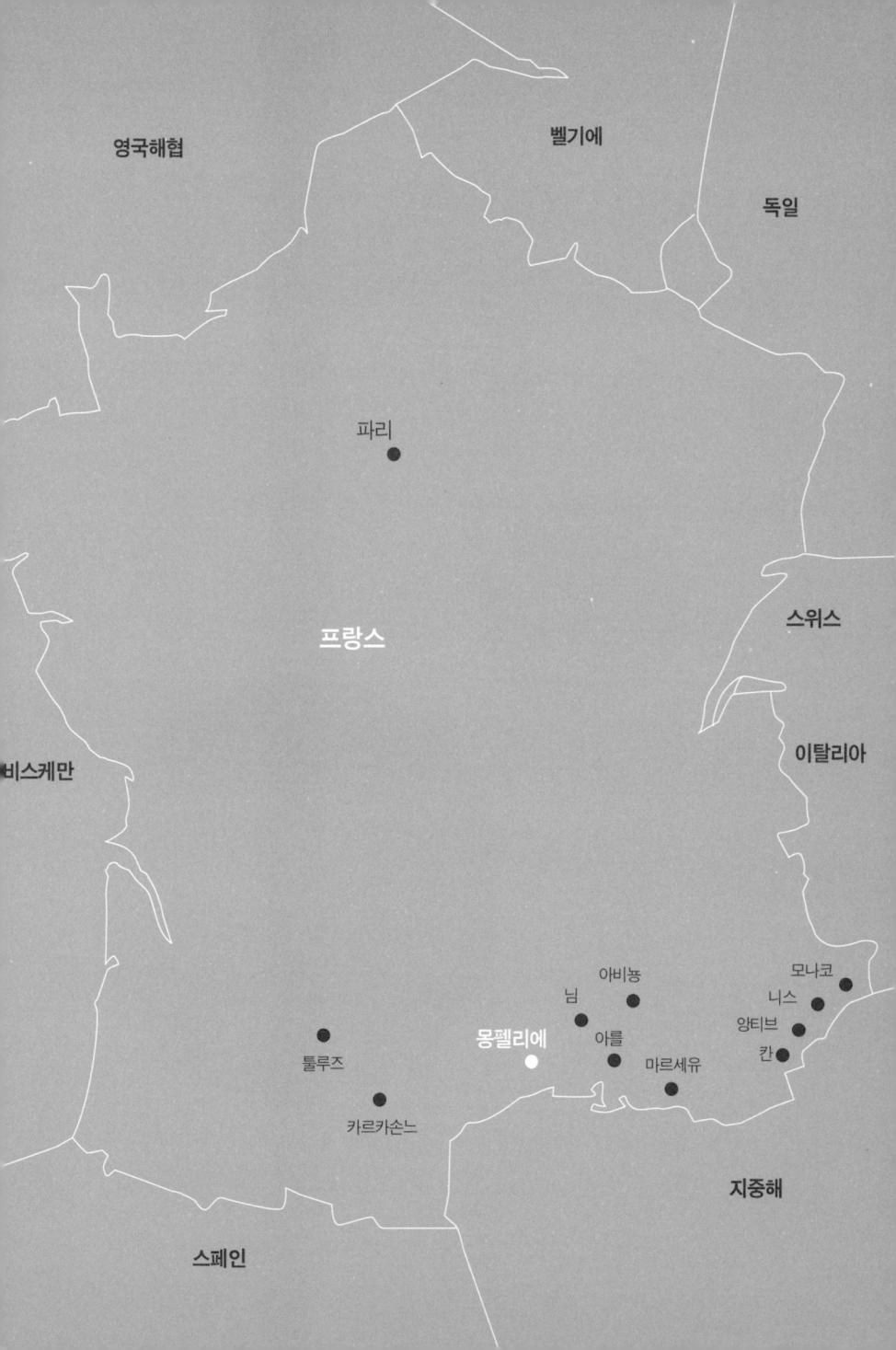

montpellier, france

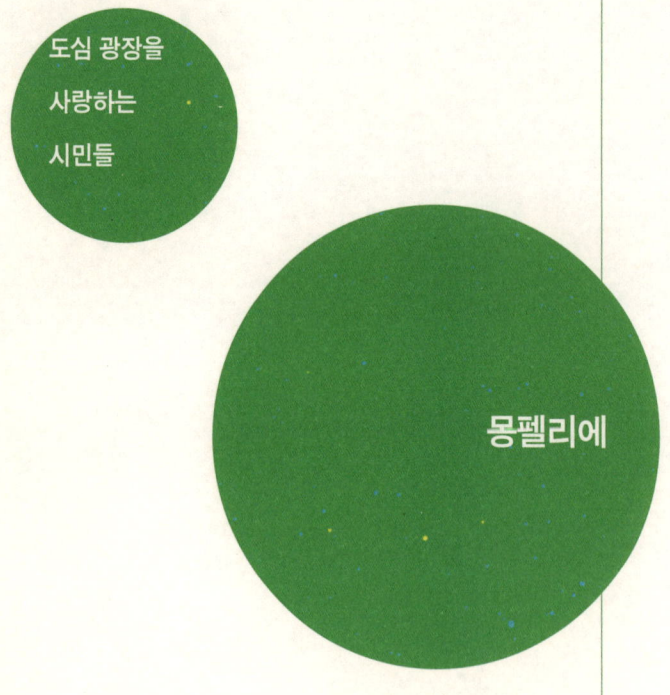

도심 광장을
사랑하는
시민들

몽펠리에

2

저녁 시간이 되자
코미디 광장에는
무거운 비가 내린다.
사람들의 눈에는
고독과 그리움이 가득하다.

코미디 광장에 모여든 사람들

유혹하듯 조심스럽게
소리가 들려온다.

나는 소리를 따라 달려간다. 이 곳은 환호하는 관객들과 예술가들이 함께 어우러져 축제를 벌이고 있는 코미디 광장이다. 관객들은 모두 축제에 초대된 사람들처럼 즐거워한다. 해마다 이 곳에서는 음악 축제(6월 21일)와 혁명 축제(7월 14일) 같은 커다란 축제를 통해 일상에서 벗어나 서로의 삶의 모습을 보며 마음을 털어 놓는다.

저녁 시간이 되자 코미디 광장에는 무거운 비가 내린다. 도심으로 몰려드는 사람들의 눈에는 고독과 그리움이 가득하다. 그들은 차분하다 못해 지리한 일상의 탈출구로서 이 코미디 광장을 찾는 것은 아닐까?

몽펠리에는 향신료를 넣은 맛깔스러운 음식처럼 독특한 향이 난다. 몽펠리에가 번영하며 도시의 모습을 갖춘 것은 향신료와의 깊은 인연이 있다. 몽펠리에는 10세기에 동양에서 향신료를 수입하여 유럽에 보급하면서 도시 산업을 시작했다. 그 때부터 사람들이 모여들어 지금과 같은 도시가 되었다. 향신료만큼이나 독특한 멋과 아름다운 색을 갖고 있는 몽펠리에, 이 아름다움을 보고 있노라면 맛있는 음식이 차려진 식탁을 보는 것 같은 즐거움이 든다.

이 도시는 코미디 광장을 중심으로 구시가지와 신시가지로 나눈다. 구시가지에 위치한 페루의 계단식 산책로를 걷다보니, 성곽 도시의 옛 정취가 나를 중세로 인도하는 듯하다. 계단 주변엔 부호들의 호화로운 주택들이 붉은 노을에 물들어 더욱 아름다운 자태를 뽐내고 있다. 계단 길을 내려 가면 앙티곤이라는 신시가지가 눈앞에 펼쳐진다. 옛것과 지금의 모습이 이루는 자연스러운 조화가 인상적이다.

몽펠리에 도시 전경. 도심을 가로지르는 전차가 인상적이다.

저녁 노을, 고색창연한 주택가, 거리를 거니는 사람들

날아가는 새들, 싱그러운 잎이 축축 늘어진 가로수. 이 거리에서 무수한 추억이 만들어지고, 또 우리 자신도 추억이 되기 위해 이곳에 왔는지 모른다.

  앙티곤의 상징문을 지나자 바다로 이어지는 길이 눈앞에 펼쳐진다. 해안으로 이어지는 길목에 오디세움이라는 상업지구가 나타난다. 해안길을 걸어가며 평안한 이 도시의 아름다움에 흠뻑 취해 바다를 바라본다. 바다는 고요한 강처럼 조심조심 흐르고 있다. 마치 이 도시의

지중해로 향하는 거리에서

전차역과 꽃가게

고요한 아름다움을 깨뜨리지 않으려는 듯….

몽펠리에의 역사에 관심이 많은 나에게 뜻하지 않은 일이 일어났다. 일행이 꽃가게가 보이는 전차역에 내려 짐을 들고 우물쭈물하고 있을 때 한 청년이 우리에게 다가왔다.

"혹시 한국에서 오셨나요?"

우리가 그렇다고 대답하자 그는 자기 차 안에 우리 일행의 짐을 싣고 호텔로 안내해주었다. 그는 현재 몽펠리에 대학에서 공부를 하고

코미디 광장의 분수

있는 유학생이라고 한다. 그는 밤늦은 시간까지 우리와 함께 맥주를 마시며 도시에 대해 얘기했다.
　"큰일입니다. 여기서 이렇게 조용하게 있다가 서울에 가면 적응이 안 될 것 같네요"
　그는 고요함을 즐기며 산 속에서 살고 있는 사람처럼 북적거리는 서울이 두렵다고 털어 놓았다.
　나는 그날 늦게 잠을 청했다. 상큼한 바람이 나를 흔들어 깨우며,

지중해로 향하는 거리에서

햇살 한 조각이 내 얼굴을 비춘다.

르 코럼 문화센터 역에서 파란색 캡슐 모양의 전차를 탔다. 이 센터는 서울로 말하자면 세종문화회관 같은 공간이다. 붉은색의 화강암과 콘크리트로 만들어진 문화센터에는 그 외관에 걸맞게 베를리오즈 오페라 극장과 컨벤션 센터가 있어, 바라보는 것만으로도 오페라 춘희의 한 대목이 떠오를 것만 같다.

파란색의 전차는 건물과 건물사이를 조용하고 경쾌하게 미끄러져 나간다. 전차는 도심의 주요 지점을 돌아 신시가지를 통과한다. 차창으로 펼쳐지는 도시 풍경은 기차를 타고 소풍 갔던 어린 시절의 부푼 마음으로 나를 이끌고 있다.

몽펠리에는 다른 도시들에 비해 젊음과 뜨거운 열기가 넘쳐 흐른다. 도시 전반에 느껴지는 도전 정신과 모험 정신, 그리고 감각적인 예술혼은 인구 중 25%를 차지하는 젊은이들의 모습을 통해서 나오고 있다. 나는 몽펠리에의 대학을 두루 돌아보며 뛰어난 점술가이자 의사였던 노스트라다무스를 떠올렸다. 어린 시절 외할아버지로부터 고전 언어, 히브리어, 점성학을 배운 그는 이 곳에서 의과 대학을 다니며 젊음을 불태워 학문을 익혔고 하늘과 별을 읽을 수 있는 천부적인 능력으로 천년 후의 세상까지도 예언하는 점성술가가 되었다. 또한 흑사병에 대처하는 용기와 의지, 그 만이 가지고 있는 의술로 그의 명성은 당시에도 하늘을 찌를듯 했다. 노스트라다무스 교수가 고민하고 탐구했던 몽펠리에 대학교정의 잔디밭에는 지금도 그의 노력과 용기가 느껴진다.

몽펠리에는 각양각색의 분수가
눈을 즐겁게 한다.

감미로운 분수, 황홀한 분수, 수줍은 분수, 쓸쓸한 분수 등 수많은 분수들이 서로 뽐내듯 시원한 물줄기를 내뿜는다. 몽펠리에 시는 1990년에 '100개의 분수 만들기 계획'을 내세워 분수를 만들었다. 푸르른 나무와 수많은 분수가 뿜어내는 앙상블은 인간과 자연이 어우러지며 조화를 이루듯 도시 전체를 아름답게 수놓고 있다.

분수 주변 공원에는 젊은 남녀들이 잔디밭에 나란히 누워 진한 키스를 나눈다. 낯설은 장면이라 그런지 괜히 얼굴이 빨개진다. 마치 영화 속 장면처럼 너무나 자연스러운 연인들의 행동이 그들의 열정을 대신 말해주는 것 같다. 그리고 20대쯤으로 보이는 까무잡잡하고 귀엽게 생긴 여인은 분수에 발을 담근 채 우리 일행에게 얄궂은 미소를 보낸다. 도심 공원의 자유와 평화로움이 물씬 풍겨나는 공원을 거닐다보니, 내 마음도 공원 위를 날아가는 새처럼 자유로워지는 것 같다.

몽펠리에의 전철역은 우리와는 분위기가 사뭇 다르다. 이 곳은 어디든 자연과 조화를 이루고 있다. 나무가 들어서 있고, 그 위를 새들이 떼지어 날아다닌다. 몽펠리에는 그렇게 자연에 동화되어 어느 것이 자연이고, 어느 것이 도시인지 구별 할 수 없을 정도다.

이 곳의 싱싱하고 풍성한 과일은 또 하나의 명물이다. 여기서는 널판지로 짠 좌판에 온갖 과일을 팔고 있다. 몽펠리에는 세계적인 과일의 집산지다. 오렌지, 망고, 메론, 체리, 산딸기 등이 그득하게 쌓여 사람들을 유혹한다. 내 손이 다가갈 때마다 좌판 위 과일들의 소리가 들리는 것 같다.

"저는 지중해의 명품 오렌지예요, 저는 체리예요… 저는 이 곳 지중해의 뜨거운 태양을 받고 자랐기 때문에 너무 달콤해요. 한국에는 이런 과일이 없죠? 어서 저를 가져 가세요…".

　　몽펠리에의 바다는 뜨거운 태양을 받아 은빛으로 빛나고 있다. 파란 하늘, 푸른 숲과 공원이 마치 물감을 풀어 놓은 듯 서로의 색을 드러내며 으시대고 있다. 자연의 위대한 장관이 눈 앞에 펼쳐진다. 그 모습은 사람들에 의해 더 아름답게 빛난다. 젊음과 예술과 자연, 그리고 옛 정취와 현대적 모습의 감동을 커다란 캔버스 위에 붓으로 수놓아간다.

도심지 골목의 과일가게와 사람들

carcassone,
france

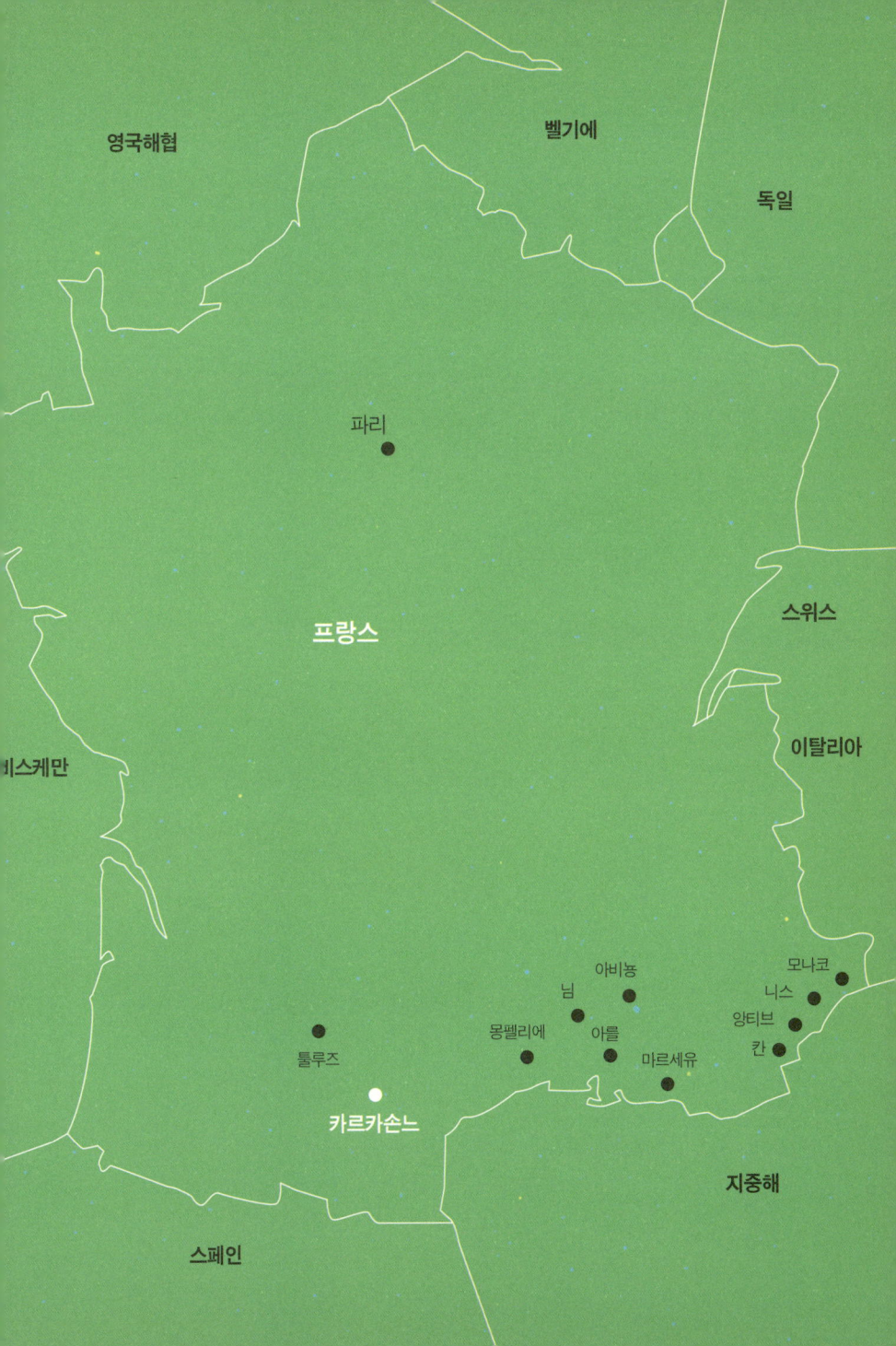

carcassone, france

영롱한

성채

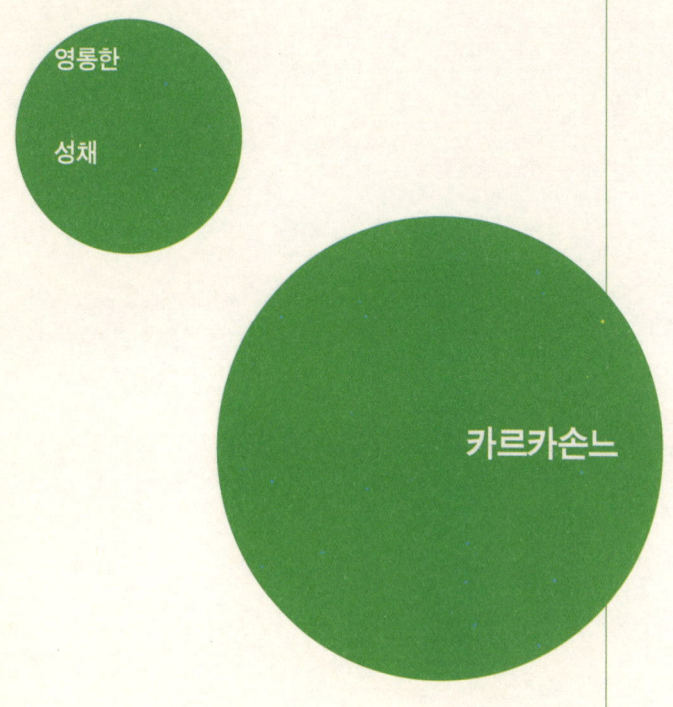

카르카손느

3

갑자기 지진이 몰려오는 듯
발밑이 흔들리면서
심한 바람이 불기 시작한다.
숨이 멎어버릴 것만 같다.
강한 바람이 마치 큰 짐승의
긴 혓바닥처럼 몸을 감싸며 지나간다.
이 도시는 나에게
'바람의 도시'로 각인되었다.

멀리서 바라본 카르카손느의 성채

초록색과 갈색 수채화 물감을 칠해 놓은 것 같은 넓은 포도밭이 아련한 꿈길처럼 차창 밖으로 펼쳐진다. 나는 차를 세우고 국도에 내려서 포도밭을 한참 바라보았다.

키아누리브스가 커다란 통나무 속에 바지를 걷고 들어가 탱글탱글한 포도알을 밟으며 환하게 웃었던 영화 〈구름속의 산책〉(A Walk In the Clouds, 1995년)의 한 장면이 생각나니 발바닥에 포도알이 느껴지는 것 같아 간질거린다.

"포도밭으로 들어가 봅시다."

일행들도 소리치며 어서 가자고 난리다.

차는 포도밭 사이를 달린다. 넓다란 밀짚 모자를 눌러쓴 농부들의 거무스름한 얼굴이 보인다.

커다란 포도밭의 주인이 우리를 반갑게 맞았다. 그를 따라 한창 포도주가 만들어지고 있는 곳으로 갔다.

"여기는 남부 프랑스 어느 곳보다 넓은 포도원이 있기로 유명하죠."

콧수염을 멋스럽게 기르고 배가 많이 나온 주인의 얘기가 포도알처럼 쏟아진다.

"여긴 태양이 뜨겁고, 비가 적게 와 포도를 달게 만들죠. 그리고 건조한 바람이 수시로 불어 포도 알갱이를 썩지 않고 잘 자라게 만든답니다."

나는 더 이상 참을 수 없어 바지를 걷는다.

"허허… 이거 어쩌죠? 바지를 걷으시는걸 보니 보졸레 지방처럼 포도알을 발로 으깨는 걸 상상하셨나봐요. 저희는 알갱이 그대로 발

포도나무에 열린 포도가 싱그럽다.

효시킨답니다. 좋습니다. 대신 이 포도를 몸으로 느끼게 해드리죠."
    그는 팔을 걷게 한 다음, 포도가 가득 담긴 통 속에 손을 넣어보도록 했다.
    "자, 눈을 감으세요. 포도가 손에 만져지는 걸 느끼면서…"
    그의 말에 따라 눈을 감는다.
    커다란 포도 알맹이가 손가락 사이를 부드럽게 빠져 나간다. 도망치던 포도알이 손에서 터진다. 부드러운 포도 속살이 손에 묻어 끈적인다. 아, 일행들의 입에서도 탄성이 쏟아진다. 팔꿈치까지 포도알이 닿으며 팔을 어루만진다. 매끈한 포도알이 여인네의 입술처럼 부드럽고 촉촉하게 느껴진다. 포도와의 따스한 데이트를 마치고 아쉬운 작별을 고했다. 나오기 싫어하며 통 속에 자리잡고 있는 손을 살며시 빼낸다. 손은 어느새 보랏빛으로 물들어 있다. 우리는 그것을 보며 아이처럼 즐겁

포도주를 만들기 위해 버무리는 작업을 하는 사람들

게 웃었다. 주인은 우리에게 이 곳에서 만들었다는 와인을 글라스에 따라주었다. 그것은 까리냥(Carignan)이라는 품종으로 만든 와인이다. 검붉은색을 띤 와인으로, 잘 숙성되어 부드럽고 은은한 부케향이 감도는 샤또 마고의 향과는 달리 산딸기처럼 달콤하고 후추처럼 매콤한 향이 코끝을 스친다. 잘익은 과일을 한입에 머금은 듯한 느낌이다. 와인이 몸으로 퍼지자, 얼굴도 손처럼 보랏빛으로 물들어 간다.

아쉬움을 뒤로 한 채 포도원을 나왔다. 손을 흔들어주는 포도원 주인의 환한 미소가 멀리 사라질때까지 나도 손을 흔들었다. 차는 다시 국도를 달려간다. 창밖에 뿌연 햇살을 받은 고즈넉한 성채와 옹기종기 들어선 중세 건물들이 다시 마음을 설레게 한다. 카르카손느는 중세와 현실이 뒤섞인 몽환적 분위기로 빨려들어갈 것 같다.

카르카손느는 자신의 이미지처럼 두 가지의 색채를 가지고 있다.

하나는 이 도시의 남동쪽에 있는 성채도시(Cite)이고, 또 하나는 낮은 도시(Lower Town)라고 불리는 지역이다. 나는 먼저 캐빈 코스트너가 주연한 영화 〈의적 로빈 후드〉를 촬영한 성채 도시로 발걸음을 옮겼다.

갑자기 지진이 몰려 오는 듯 발밑이 흔들리면서 심한 바람이 불기 시작한다. 언덕에 세워진 도시라 태풍급의 바람이 불 때도 있단다. 숨이 멎어버릴 것만 같다. 강한 바람이 마치 큰 짐승의 긴 혓바닥처럼 몸을 감싸며 지나간다. 이 도시는 나에게 '바람의 도시'로 각인되었다.

시간의 흐름이 멈춰 버린 듯한 언덕 위에 세워진 바스타드. 일부 훼손되어 중세의 권위와 스산한 흔적이 동시에 묻어나는 성채와 건물을

영롱한 성채 도시의 풍경

보면서 오랜 세월의 깊이를 느낀다. 천년의 비바람과 눈보라 속에서 그 모습을 굳건히 서있는 성채의 모습을 둘러보며 그 높고 강인함에 절로 고개가 숙여진다. 적막한 도시를 걸어가며 이 도시가 전하는 수많은 사연들로 머릿속이 어지럽다. 적의 침략에 대비해 만들었던 성문과 수로를 걷자니 노역에 지친 노동자들의 모습이 눈 앞에 선하다.

"중세에는 특히 화력이 개발되기 전까지는 누가 더 단단한 요새를 쌓느냐에 따라 도시의 운명이 달라졌죠. 성채 도시는 아주 작은 요새 도시였어요. 그렇지만 이 곳에는 관청, 학교, 상점, 광장, 교회, 놀이터 등 모든 기능이 다 갖추어져 있었답니다."

영어로 유창하게 설명을 하던 관광안내소 직원의 이름은 미넬리. 그녀는 몽펠리에 대학에서 사회학을 전공했고, 영어 외에도 스페인어, 이태리어도 유창하게 구사할 줄 안단다. 이 작은 도시 안에 모든 편의

성채 도시의 전경

시설이 있다는 것이 놀랍다.

　성 안으로 들어서자 나르보나이(Porte Narbonnais)라고 부르는 요새가 나타난다. 요새 안으로 들어가니 좁은 골목길에 집들이 보인다. 집이라기보다는 공공건물 같은 모양에 창마다 커튼이 걸려 있고 따뜻한 질감의 나무문이 있다. 요새, 지붕, 그리고 첨탑 등이 고유의 색깔을 고집스레 지키며 '성채 도시를 성채 도시답게' 하는 명물로 자리 매김하고 있다.

　카르카손느와 같은 중세 도시는 성을 쌓아서 그들의 거주지를 요새화했다. 그리고 성채는 도시와 시골을 구분해 주는 경계선의 역할을 했다.

　성채 도시는 인구가 늘어나 도시가 좁아지면 기존 성벽을 헐고 새로 성채를 쌓아 도시를 넓혔다고 한다. 하지만 화포가 발명되어 성벽

해질 무렵의 카르카손느 성채 안의 옛 건물들

이 날로 두꺼워지자 성곽을 다시 쌓기가 힘들어 졌다. 지금 눈 앞에 펼쳐진 성곽은 중세 요새의 이미지보다는 잘 보존된 역사 박물관처럼 느껴진다.

    버섯코처럼 날렵한 지붕을 가진 건물들로 구성된 성채 도시. 그 고전적이고 우아한 모습에 탄성을 지른다. 성채 내 골목길 빵집에서 갓 구워낸 '바게트'를 샀다. 이 곳 사람들처럼 막대기와 같은 바게트를 들고 다니며 손으로 조금씩 떼어 먹었다. 빵집에는 아침 시간이라 사람들이 줄을 서서 기다리고 있다.

빵집에서 바케트를 사면서

빵 집에서 만난 사람들
서로 눈인사를 주고 받거나 대화를 나눈다.

빵을 먹으면서 산책하듯 내려가고 있을 때, 나는 진갈색의 미닫이문이 있는 선물가게 안을 들여다 보았다. 그러자 문이 스르르 열리면서 뿔테안경을 낀 가게 주인이 반갑게 맞아준다. 조그마한 가게에 들어서자 성채를 이 곳에 다시 옮겨 놓은 것처럼 도시의 그림이 벽에 가득 붙어있다.

    마치 내 집 안에 들어온 듯한 편안한 느낌이 감돈다.
    "여기 사세요?"
    호기심 어린 눈길을 보내며 그에게 묻는다.
    "여기에선 시간이 마법처럼 흐르죠, 마치 멈춰 버린 것처럼….

그래서 이 곳에는 옛것을 좋아하는 사람들이 모여 살아요."

그의 푸근한 얼굴을 뒤로 한 채 가게를 나왔다. 관광안내소를 지나자 13세기 탑이 나타난다. 여기엔 이 지방의 랑구독 와인을 시음하는 코너가 있다. 역시 프랑스 여행엔 와인을 빠뜨릴 수 없는 것 같다. 붉은 와인이 혀끝에 닿자, 과일향이 코를 자극한다. 떫은 맛이 감돌며 와인은 이내 목을 타고 온 몸으로 전해지며 얼굴은 노을처럼 붉게 물들어 간다.

랑구독 와인이 에피타이저 역할을 했는지 식욕이 난다. 나는 일행과 함께 예쁘게 생긴 한 레스토랑으로 들어갔다. 새우가 많이 들어간 피자, 샌드위치, 토마토 주스, 다시 와인 한 잔, 그리고 과일. 서양식의 푸짐한 점심을 즐겼다.

"역시 금강산도 식후경이네…."
"와인을 마셔서 그런지 음식이 더욱 맛있는걸"
우리는 식탁에 놓인 음식을 기분 좋게 다 먹고 '낮은 도시'로 발걸음을 옮겼다.

남북으로 유유히 흐르는 오드 강 주변에 세워진 낮은 도시는 13세기 중엽에 형성되었다.

이 도시는 동서로 대서양과 지중해를 연결하며, 남북으로는 프랑스와 스페인을 이어주는 곳에 위치에 있다. 그래서인지 예부터 군사적, 경제적 요충지였다.

성채 도시에서 살던 거주자들이 아래 마을로 내려와 오드 강 건너편에 뉴 타운을 만든 것이 바로 이 낮은 도시의 시초라고 한다.

오드강 운하를 따라 오가는 배에 몸을 싣는다.

카르카손느의 한 레스토랑에서

시내를 흐르는 미디(Midi) 운하

유유히 흐르는 오드강은 햇빛에 반사되어 여러가지 색깔로 찬란하게 빛난다. 카르카손느의 낮은 도시를 둘로 나누고 있는 오드강. 수많은 사람들이 붉게 물들어가는 이 강을 바라보며 얼마나 많은 감정이 교차했을까. 전쟁으로 인한 분노, 새 날에 대한 희망, 가족을 잃은 슬픔, 그리고 사랑을 찾은 기쁨 등 삶의 회한들을 말없이 받아들이며 묵묵히 흘러가는 오드강을 바라본다.

배에서 내리는 우리 얼굴을 유심히 쳐다보는 사람들.

이 작은 도시까지는 동양 사람들이 자주 방문하지 않아서 그런가보다. 풍성한 잎사귀를 드러낸 채 줄지어 서 있는 초록의 향연들. 운하의 물을 먹고 자란 나무들은 운하, 땅 그리고 하늘을 서로 연결하는 태생적인 숙명을 지닌 것처럼 곳곳에 우뚝 서 있다.

우리는 운하 옆 보행로에 앉아 있다. 다리 있는 곳까지 한 걸음씩 다가갈 때마다 하얀 요트들이 뽐내듯 그 자태를 드러낸다. 수평선 너머로 붉게 물든 태양이 반쯤 잠기며 아름다운 하루를 마감하고 있다. 하늘은 차츰 주홍빛으로 변해 가며 주위를 온통 붉게 만든다. 그 장관을 바라보는 우리의 얼굴 또한 붉게 물들어 간다. 우리는 깔끔하게 포장된 도로를 따라 바다를 바라보며 걸었다.

성채 도시와 낮은 도시 두 얼굴을 갖고 있는 카르카손느는 과거를 안고 현재를 살아가는 우리의 인생과 닮았다는 생각이 들었다.

인생은 새옹지마라고 했던가. 슬픔이 있으면 기쁨이 오고, 기쁨이 있으면 고난에 이어 행복이 기다린다는 사실….

이런 생각을 하며 천천히 카르카손느를 빠져 나왔다.

도시를 흐르는 운하 주변의 모습

avignon,
france

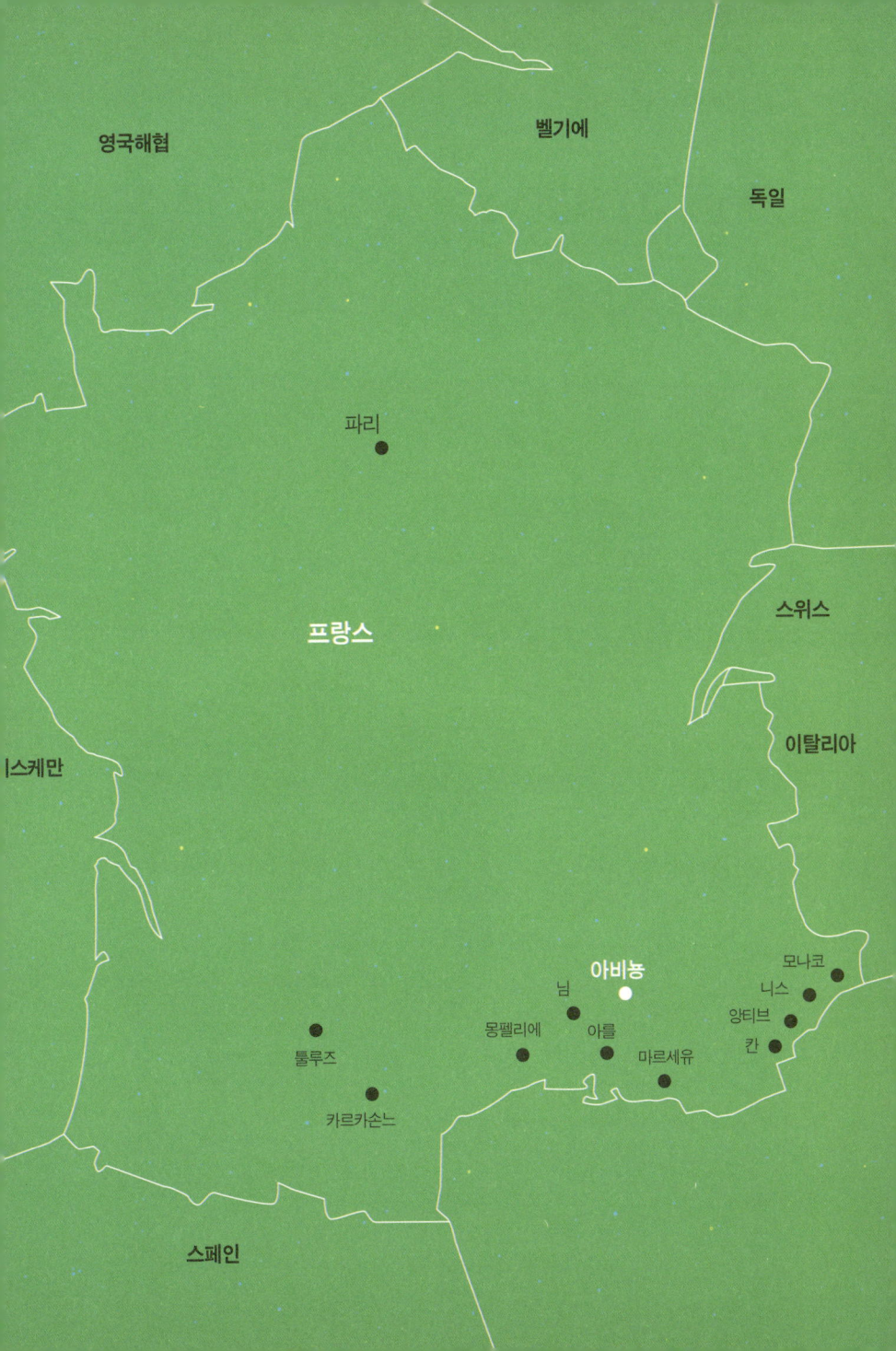

avignon, france

연극과 교황,
그리고
베네제 다리

아비뇽

4

강, 모래, 바람이 음악처럼
흐르는 곳,
반쪽이 된 다리를 만나는 곳,
중세 도시의 향기를
그대로 간직하고 있는 도시

아비뇽 시내의 전경

강 · 모래 · 바람이 음악처럼 흐르는 곳, 반쪽이 된 다리를 만나는 곳, 로마에서 피신해 온 교황들이 머물렀던 곳, 중세 도시의 향기를 그대로 간직하고 있는 도시 아비뇽. 나는 호기심 어린 시선으로 이 도시를 살피며 들어가고 있다. 인구 9만 명의 조그마한 도시의 구석구석에는 오랜 역사와 문화유산이 숨어 있다.

축제의 도시 아비뇽
그 중심에는 연극이 있다.

연극배우들에게 아비뇽 연극 축제는 매우 중요한 의미를 갖는다. 이곳에서의 좋은 성적은 바로 연극계에 화려하게 데뷔하는 지름길이기 때문이다.

응모자들이 일년 반 전부터 준비하여 만든 창작 작품의 공식 선정 부문(IN)을 보면 극의 소재가 우리네 인생사처럼 다양하다는 것을 발견하게 된다. 아비뇽에 모여든 수많은 배우들이 만들어낸 연극을 보면서 관객들은 다른 인생을 엿보며 공감대를 이룬다. 때로는 눈물로, 때로는 박장대소를 하며 같이 호흡하는 그들의 문화가 실로 부러운 것은 왜일까. 창작의 고통 속에서 완성된 작품의 희열을 관객과 함께 나누는 아비뇽의 축제는 연극인들에게 축제 이상의 축제로 여겨질 것이다.

비공식 선정 부문(OFF) 작품들은 아비뇽 축제의 핵심이 되는 연극과 더불어 공연 예술의 폭을 다양하게 넓혔다. 연극뿐만 아니라 뮤지컬, 무용, 현대 음악으로 이루어지는 OFF 작품들 또한 다양한 인생의 역정을 가득 담고 있다. 하지만, 오페라와 클래식 음악은 찾아보기 힘들다. 그들은 오페라와 클래식으로 유명한 이웃 도시 오랑주(Orange)와

아비뇽 성당

'퐁 셍 베네제' 라 불리는 다리

엑상 프로방스(Aix-en-Provence)에 대한 배려 때문이라고 한다. 도시 별로 특색있는 문화를 서로 존중하며 발전하는 그들의 문화 의식이 한층 성숙해 보인다.

아비뇽은 프로방스의 대표적인 도시나 다름없는 곳이어서 프로방스 지방을 먼저 말하지 않을 수 없다. 프로방스는 프랑스의 남동쪽 지중해 연안에 걸친 지역과, 내륙으로 깊이 들어온 고원 지대를 말한다. 고흐와 세잔느의 그림 속에 아름다운 풍경으로 등장했던 곳. 그리고 알퐁스 도데 마음의 고향인 프로방스, 그 이름만 들어도 설레임으로 가득찬다. 눈부신 태양을 가득 안고 있는 나무들, 마음 속에 꿈을 불러일으키는 지중해, 시시각각으로 변하는 미묘한 풍경, 열정적이면서도 차분하기 이를 때 없는 사람들….

프로방스의 강렬한 태양에 이끌려 고흐, 세잔느, 피카소, 피사로,

니콜라스 등의 화가들이 바로 여기서 예술혼을 불태웠고, 알퐁소 도데와 마를셀 파뇰과 같은 작가들의 정신이 이 곳에서 크게 승화되었다.

멀리 시냇가 언덕 위에 성채가 보인다.

교황이 살았던 성채로 들어가자 예배를 보았던 공간, 음식을 만들던 커다란 식당, 세상 모든 짐을 떠 안고 거닐었을 교황과 사제들의 산책로가 나타났다. 성채 안을 걷자니 깊은 고요함 속에 슬픔이 밀려온다. 교황청을 떠나 이 곳 아비뇽에서 머물렀던 교황들.

종교가 곧 권력을 상징하던 시절, 교황과 정부간의 다툼에서 밀려나 아비뇽으로 피신한 교황을 보호하기 위해서 쌓은 성채. 그들에겐 로마 교황청의 베드로 성당보다도 작더라도 교황의 권위를 상징할 만한 건축물이 필요했을 지 모른다.

이 곳에서 교황들은 무슨 생각을 했을까, 로마로 되돌아가고 싶었을까. 아니면 아비뇽에서 천년만년 권위를 세우며 살고 싶었을까….

우린 성당 안을 꼼꼼히 살피며 걸었다. 낯설지만 성당이 주는 평온함이 명상과 사색하기에 좋아 더 천천히 발을 뗀다. 당시에는 거대권력의 상징인 아비뇽 성당이 지금은 이방인들에게 좋은 명상을 할 수 있는 장소가 되었다는 생각이 들자 권력의 허망함을 느끼면서 교황이라는 상징적 의미를 되새겨 본다. 성당을 나와 언덕 오르다 보니 갑자기 막다른 길이 나온다. 좁은 길은 미로처럼 비슷비슷한 모양을 하고 있어 쉽게 길을 잃을 것 같다. 길에서 빠져 나오자 언덕 꼭대기에 아기자기하고 조그마한 연못이 나타났다. 그 안엔 작은 분수가 있고, 연못의 앞 벽에는

론 강의 끊어진 베네제 다리

가을에서 겨울로 가는 길목의 베네제 다리 부근

고드름 줄기가 예술 작품처럼 매달려 있다.

교황청 언덕에서 론 강으로 내려가다보면 반쯤 끊어진 다리가 눈에 들어온다. 투명한 공기 속에 먼 하늘을 물들이는 낙조가 다리 위로 내려 앉고 있다.

베네제란 이름의 이 다리는 완성 당시 강 건너 필립 왕의 탑까지 그 거리가 무려 90m에 달했다. '퐁 생 베네제'라고 불리는 이 다리는 스스로 '신의 아들'이라고 불렀던 베네제 목사가 주민들의 헌금을 거둬 만든 다리이다. 일부 시민들은 목사를 정신병자로 몰아부치며 다리를 만들지 못하도록 강력하게 반대했다고 한다. 강한 반발에 부딪혀 수모를 겪었던 베네제 목사의 인생만큼 이 다리도 파란만장한 삶을 살았다. 그 후 베네제 다리는 결국 홍수로 인해 지금의 모습이 되었다.

매서운 바람이 여민 옷 사이를 파고들며 뼛속까지 얼어붙게 만든다.

대서양, 중부 내륙, 지중해 등의 영향으로 수시로 변하는 날씨 때문에 이 곳 겨울의 기후는 예측하기 힘들다. 가을에서 겨울로 접어드는 아비뇽의 나무들은 형형색색의 가을 옷으로 바꿔 입고 있는 중이다. 우리 나라 같으면 벌써 잎이 떨어질 시기였지만, 이 곳은 푸른 나무들이 잘도 버티고 있다. 이것은 우리나라 숲에서 보는 가을 색깔과는 또 다른 맛을 주어 지중해의 가을을 만끽하게 해준다. 이 곳의 아름다움은 신이 만들어낸 자연스런 색깔과 더불어 서정적인 향취가 돋보인다. 거기에 뜨거운 태양이 비추어 나무들을 수줍은 새색시처럼 붉게 물들여 놓는다. 드문드문 보이는 강변의 정취가 눈이 시리도록 아름답다. 반쯤 부서진 다리 또한 잘도 버티고 있다. 아마 무너지지 않고 버티는 것만이 이 도시를 세계에 알리는 유일한 방법이라고 믿고 있는 것 같다.

아비뇽 성당이라는 이정표를 따라 걷다보면 시간의 흐름을 잊게 된다. 그래서 밤늦게까지 긴 산책이 이어지곤 한다. 가로등 불빛으로 단장한 도심 거리가 드러나고 빌딩의 조명이 환하게 거리를 밝히고 있다. 그리고 그 불빛 사이를 가로지르며 느리게 지나가는 한밤의 자동차들과 고요한 강으로 떨어져 어른거리는 교각의 불빛들. 베네제다리 부근에는 그래서인지 아름다운 컬러가 물결을 이루고 있다. 아비뇽은 이렇게 밤에도 또다른 모습으로 다가온다.

나는 저녁 시간에 산책하는 것을 좋아한다. 두꺼운 외투에 목도리를 매고 다리 부근의 찬 바람을 맞는다. 오늘도 황혼을 받아 금방이라도 타오를 듯한 나뭇가지를 바라보며 기분좋게 거리를 걷는다. 거리에는 강아지를 끌고 나온 사람들이 여기저기 눈에 띈다. 강아지들도 주

아비뇽의 골목길

인과 함께 거리의 정취를 맛보고 있는 듯하다. 내가 강아지에게 다가가 목을 쓰다듬자 꼬리를 흔들면서 반긴다. 강아지가 움직일 때마다 가볍고 상큼한 향수 냄새가 풍긴다.

산책 중에 식당에 들러 샐러드를 곁들여서 시원하게 맥주를 마시는 것도 큰 즐거움이다. 와인 만큼이나 이 곳의 맥주 맛도 좋다. 하얀 거품을 덮은 맥주를 온몸으로 들이킨다.
카…. 목구멍을 넘어 발끝까지 시원한 느낌이다.
맥주를 마시면서 아비뇽의 성채와 베네제 다리를 곰곰히 되새겨본다. 이 둘은 종교적인 색채라는 공통점을 가지고 있다. 하지만 신을 내세우며 권력을 휘둘렀던 성채와 사람을 위해 필요한 다리를 만들었던 베네제 목사의 삶처럼 아비뇽은 본질적인 양면성을 지니고 있는 것은 아닐까. 이런 저런 생각에 젖어 론 강을 헤메였다.

강아지를 끌고 거니는 중년 남자의 모습이 정겹다.

**arles,
france**

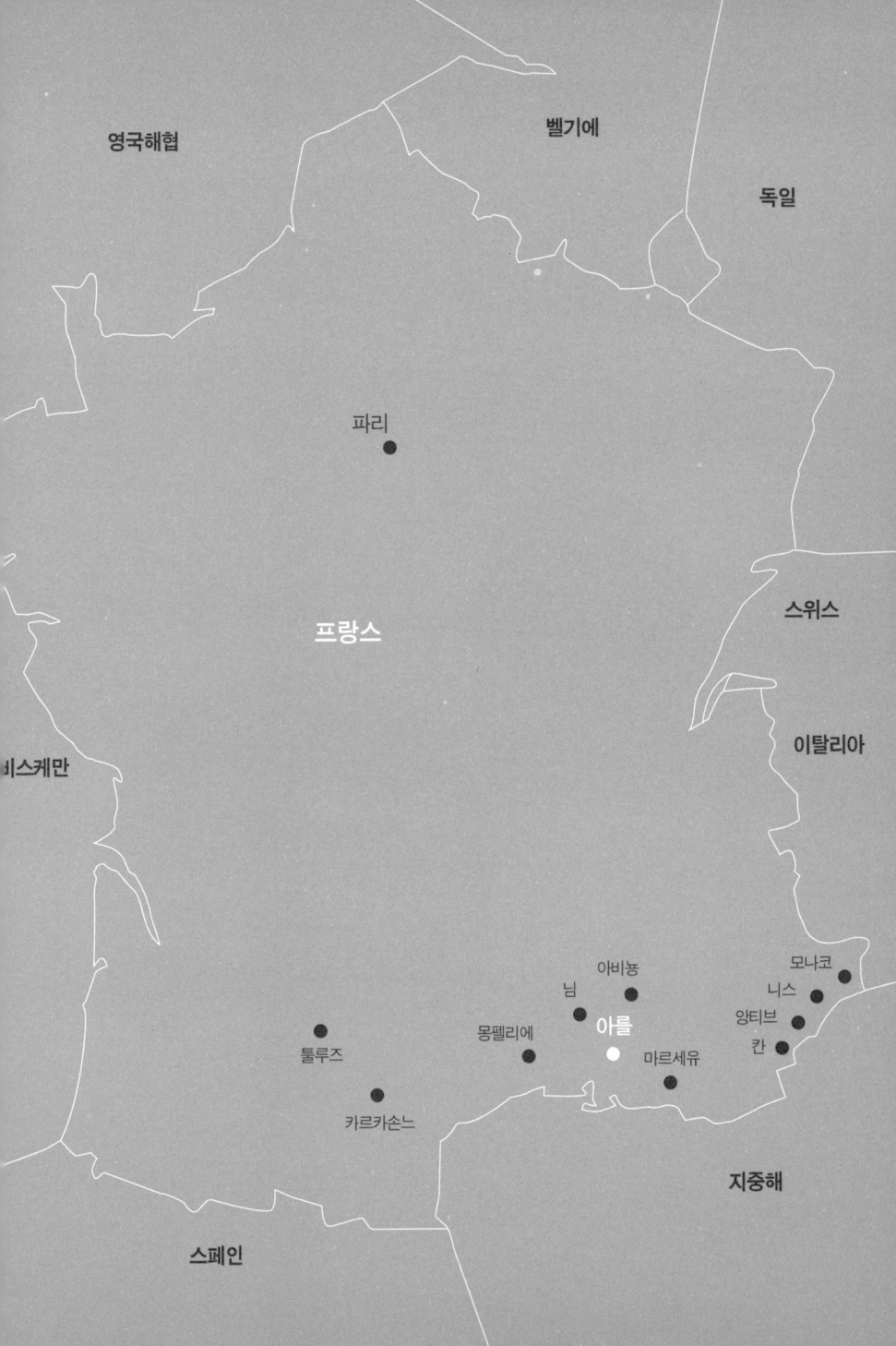

arles, france

아름다운

프로방스

아를

5

론 강을 끼고
아담하게 둥지를 튼 아를.
그 모습은 아름답다는 말로는
부족하다는 생각이 들정도로
눈부시다.

위에서 내려다 본 아를의 전경

코발트빛 하늘의 태양에서 불어오는 바람을 따라 내 발걸음은 이끌리듯 아를에 도착했다. 여름축제 때나 한동안 시끌벅적할 뿐 지금은 적막하기 이를 데 없다. 적막은 까닭모를 욕구와 함께 외로움을 낳는다. 아를에선 세상 모든 일을 잊고 진정한 나만의 삶을 찾을 수 있을 것 같다.

론 강을 끼고 아담하게 둥지를 튼 아를

멋진 전통복식으로 치장한 모습은 아름답다는 말로는 부족하다는 생각이 들 정도로 눈부시다. 서쪽으로 프랑스 남부의 젖줄인 론 강이 유유히 흐르고, 도시 한가운데는 커다란 원형 경기장이 있다. 론 강과 바람, 고대 극장, 원형 경기장, 고흐, 투우가 어우러져 살붙이처럼 붙어서 살고 있는 곳. 이곳은 3-4세기에 서양에서 가장 아름다운 도시중 하나로 손꼽았으며 '갈리바의 로마'로 불렸다고 한다. 로마인들은 아를이 너무 아름다워 이 곳에 온 이후에는 더 이상 북쪽으로 올라가지 않았다고 전해진다.

     아를은 프로방스의 다른 지방처럼 올리브 나무가 많다. 신이 내려준 유일한 나무. 올리브는 물이 별로 없어도 잘 자라며 비누와 약 그리고 올리브유를 인간에게 제공한다. 이방인들이 프로방스 지방을 관광할 때 가장 선호하는 상품이 바로 올리브유라고 한다. 이 곳의 올리브유는 값도 싸고 맛도 좋을 뿐 아니라, 신선해서 선물용으로는 최고다. 나도 서울에 있는 친구들을 위해 양손 가득 올리브유를 샀다.

     "북쪽에서부터 내려오다가 첫 번째 올리브 나무를 만나는 곳에서 너는 프로방스에 들어와 있다는 것을 알 것이다." 고흐가 네델란드에 있

론강이 보이는 아를의 주택가 풍경

는 동생 테오에게 쓴 글이 생각난다.

　아를은 '아를의 여인' 처럼 순박하고 부드럽다. 알퐁스 도데의 원작에 비제가 곡을 붙인 '아를의 여인'의 여주인공은 시골 지주의 아들 장과의 비극적인 사랑으로 끝을 맺는다. 그 이유는 당시 그녀가 아를이라는 촌구석에 어울리지 않게 출중한 외모와 지혜를 겸비한 여자였기 때문이다. 그녀의 포부와 야망이 컸기에 조그마한 아를이 그녀를 충족시켜 줄 수 없었음은 당연한 일이었을 것이다. 이렇듯 아를이란 곳은 한적하고 고루한 전형적인 시골 마을이다.

　도시 안으로 들어가니 오래된 저층 집 밑의 포근함이 내 몸을 감싸 안는다. 나는 골목을 빠져나와 시내 중심가인 불바드 디 리스 거리로 갔다. 거리의 가로수에 화사하게 핀 꽃들이 나를 맞이한다. 네모진 얼굴

차를 타고 지나가면서 본 프로방스 지방의 풍경

이 모여 있는 것처럼 나지막한 건물들이 정답게 자리하고 있다. 건물의 위쪽은 주택, 아래는 상가로 쓰고 있는 흔히 말하는 주상 복합 건물이다. 옛 모습이 그대로 보존된 거리 풍경을 가진 아를. 문화부 장관으로 재직하던 앙드레 말로는 시내에서 새로운 집을 지으려면 정부의 엄격한 허가 기준을 지키도록 하였고, 로마시대 지은 건물의 높이, 색깔, 지붕, 전면, 건축선과 조화되도록 하는 제도를 만들었다.

우연히 북쪽에서 찾아 온 화가 고흐

파리에서는 명함도 못 내밀만큼 천대받았던 고흐는 가슴이 벅차도록 아름다운 아를에서 뼈에 저미는 외로움을 이기며 예술혼을 불태웠다. 스스로를 추스르며 차분하게 창작 활동을 하고 싶었을 것이다. 비록 15개월이라는 짧은 기간동안 이 곳에서 정신적인 외로움을 달래며 인생의 마지막 나날을 살았던 그였지만, 아를이란 이름이 근래에 와서 세상에 알려진 것은 고흐와 결코 무관하지 않다.

그는 외로움을 화폭에 담아 냈다. 그가 그린 아를은 사람들의 가슴에 영원히 남을 감동을 안겨 주었다. 나는 그가 살았던 곳을 거닐며 그가 느꼈던 고독, 가난과 좌절에 지쳐버린 처절한 고통을 맛본다.

그는 고독과 싸우며 밤의 카페, 론 강, 노란 집, 오래된 풍차, 도개교, 해바라기 등 주옥같은 그림을 그렸다. 예술, 고통 그리고 고독은 떨어질 수 없는 필연인가 보다. 예술가의 삶은 평범한 삶을 넘어 고통과 싸워 이기는 처절한 자기와의 싸움이었기에….

고흐기념관에는 빨간 곱슬머리 고흐의 자화상이 걸려있다. 나는

리퍼블릭 광장(Republic Square)

축제와 미술관으로 가는 사람들

그의 자화상이 실린 두꺼운 화집을 사들고 기웃기웃거리며 그곳을 둘러 보았다. 직원에게 설명을 부탁한다고 했더니 다소 성가시다는 듯 그러면서도 순순히 안내를 해준다. 첫인상과는 달리 그는 고흐에 대한 전문적인 내용을 친절하게 설명했다. 내가 고흐의 이야기를 기억할 수 있는 건 그의 그림보다도 직원의 정성스러운 안내 때문은 아니었을까. 빨간색에 가까운 머리카락과 북구의 흰 색 얼굴을 한 남자가 그윽한 눈으로 먼곳을 응시하고 있는 그림. 그 남자는 저 너머를 쳐다보며 회한에

고흐의 '밤의 카페 테라스' 부근을 거닐면서

잠겨 있다.
    아를은 가로수가 우거진 길마다 깨끗함이 묻어 있다. 기원전 6세기 마르세유의 그리스인들이 건설했다는 이 도시는, 그 후 로마의 점령을 받아 도시의 형태가 갖추어졌다. 하지만 지금 이곳은 그리스의 냄새를 찾아 볼 수가 없다. 그들은 5세기 경 아를에 대해 이렇게 평가했다.
    "신비의 오리엔트, 짙은 향기가 나는 아라비아, 호사한 아시리아, 비옥한 이집트, 아름다운 스페인 그리고 풍요로운 갈리아와 같은 지역

원형 경기장 전면의 모습

들이 가진 모든 것을 아를에서 보고 느끼며 살 수 있다."
    아를은 프랑스 남부 교역의 중심지로 성장했다. 다른 민족이 도시의 기초를 세웠지만, 신이 축복한 그 땅을 아를의 사람들은 용기와 끈기로 지켜냈다.

나는 고대에 건립된 원형 경기장을 찾았다.

전면에서 바라본 원형 경기장의 모습은 입을 다물지 못하게 만든다. 기원전 90년에 세워졌다고 하니 벌써 이천 년이 넘게 모진 세월을 버텨온 것이다.

1만 2천명을 수용할 수 있는 원형 경기장에서는 투우를 비롯한 여러 가지 행사가 종종 펼쳐진다. 탁 트인 원형 경기장을 둘러보니 가슴이 시원해진다. 중세에 한 때 성벽으로 쓰였던 경기장은 처음 만들어질 때는 놀랍게도 모두 나무였다고 한다. 이 큰 경기장을 만들기 위해 나무를 깎아서 일일이 맞췄을 것을 생각하니 절로 감탄이 나온다. 아를의 투우는 아를의 시민들처럼 인간적이고 신사적이다. 소를 죽이지 않고 뿔 사이에 달아 놓은 장식을 먼저 잡는 사람이 승리한다.
　나는 원형 경기장과 아를이 내려다보이는 언덕으로 올라갔다. 새들이 무리지어 지나갈 때마다 보라색 뭉게구름이 조용히 옆으로 비껴나 서쪽으로 움직이고 있다. 누군가가 한쪽 팔을 들어 발아래 보이는 원형 경기장을 가리켰다.
　"이 도시는 원형 경기장을 위해 존재한 것처럼 보여. 저것 봐. 저

고대에 건립된 원형 경기장

알퐁스 도데의 '프로방스의 양치기 이야기'의 무대가 되었던 퐁비에이유 마을

기 중앙에 떡하니 버티고 있잖아?"

그의 말처럼 원형 경기장은 마치 왕의 모습처럼 도시의 중심에 자리잡고 있는 듯하다. 경기장 너머에는 갈색 지붕의 집들이 옹기종기 모여 있고, 우리가 아직 가보지 못한 길과 공원도 보인다.

나는 발걸음을 돌려 퐁비에이유 마을로 내려간다. 알퐁스 도데(Alphonse Daudet)의 '프로방스의 양치기 이야기' 배경인 이곳은 아를에서 멀지 않은 곳에 있다. 1세기가 훨씬 넘는 시간이 가로 놓여 있지만, 서정성과 풍광이 주는 감동은 여전하다. 마을 안쪽으로 들어가면 굽은 시골길이 나오고 그 길을 따라 파스텔 톤의 황갈색 집들이 나란히 들어서 있다. 이 마을이 오랜 세월 한자리를 꾸준히 지켜오는 모습을 보며 마치 어릴 적 시골 외갓집에 가서 노는 기분이다.

풍비에이유 마을로 가는 길의 주택들

사람들이 아름다운 별들이 반짝이는 밤을 새워 본 경험이 있다면
우리들이 잠들고 있는 이 시각에 신비스런 세계가 고독과
고요 속에 눈을 뜬다는 사실을 알 것이다.
그 때는 샘물도 한층 더 맑게 노래하며 연못은 작은 불꽃을 편다.
산의 모든 정령이 자유로이 오고가며, 공중에는 무엇이 스치는 소
리, 들리지도 않는 작은 음향들이 마치
나뭇가지가 굵어지고 잎이 자라는 소리처럼 들려온다…〈중략〉…
우리를 둘러싸고 있는 별들 중 하나, 가장 아름답고 빛나는
별 하나가 길을 잃고 내 어깨 위에 내리 앉아 잠들고 있다고
몇 번이나 생각해 보는 것이었다.

— 알퐁스 도데의 〈별〉 중에서

알퐁스 도데의 서정적인 글이
가슴을 울린다.

사람들의 발길이 뜸한 이 고요한 시골길에 작은 구름에 가려진 햇살만이 뤼브롱 산을 살포시 비추고 있다.

나는 휴게소에서 까맣게 그을린 주름진 얼굴로 우리를 쳐다보며 미소를 짓는 노인들과 눈이 마주친다. 커피를 마시며 말을 건넨다. 그들은 산기슭 마을에 살고 있단다.

"아, 정말, 여긴 너무 좋군요."

"네 정말 좋은 곳이예요…. 저는 칠십 평생을 여기서만 살았죠. 저는 이 곳을 사랑합니다."

노인은 환하게 웃으며 커피 한 모금을 마시고는 대답한다.

"아, 그러시군요. 그럼 당신이 가장 좋아하는 건 뭐죠?"

"뜨거운 태양, 푸른 숲, 거기에 코를 찌르는 라벤다향, 그리고 무엇보다 나를 더욱 행복하게 해주는 맛있는 와인… 다 얘기하자면 끝이 없죠. 참, 이 곳의 날씨는 정말 최고랍니다. 밤하늘에 떠있는 수많은 별과 깨끗한 공기는 저를 아주 건강하게 만들어주죠".

"그래도 혹시 대도시에서 살고 싶은 생각은 안드세요?"

"아이구, 그건 어림도 없는 생각이예요. 영혼이 죽어버리는 그런 대도시에서 어떻게 살수 있겠어요 항상 투명한 영혼을 갖게 해주는 이 곳이 최고죠!"

지금 그들이 발딛고 서있는 영원한 고향이자 아름다운 프로방스가 없다면 그들은 아무것도 생각할 수가 없다고 말한다. 그들의 투명한 영혼이 알퐁스 도데 같은 문학가를 만들어 낸 것은 아닌지.

나는 노인들과 기분 좋게 인사를 마치고 기원전 1세기에 지어진 고대극장으로 발걸음을 옮겼다.

이 곳은 로마시대에 만들어진 반원형 극장으로 지금도 영화제, 민속축제, 사진축제 등을 무리 없이 치뤄내고 있다. 끊임없이 보수와 복원을 하고 있지만 어딘지 모르게 어색하고 초라한 모습이다.

수천 년 전 사람들의 땀방울로 만든 그 유적을 현대의 우리가 완벽하지도 않은 기술로 복원한다는 것은 정말 무리가 아닐까하는 생각이

흐드러지게 핀 식당의 꽃

든다. 유유히 흐르는 론 강을 건너 고대 아를 박물관으로 간다. 이 곳은 아를의 역사를 단숨에 느낄 수 있도록 꾸며져 있다. 과거가 없으면 현재도 없고, 미래도 없다고 하지 않았던가.

아를 박물관을 둘러 보고는 그 근처의 한 레스토랑에 들어갔다. 식당 주인은 머리를 길게 늘어뜨린 아리따운 중년 여성이다. 붉은 색에 가까운 금발을 가진 그녀는 아이처럼 수줍게 미소를 지었다. 그녀는 스페인 혈통이지만 이 곳을 사랑한다고 말한다.

"아를에서 당신이 사랑하는 것은 뭐죠?"

"그 당연히 축제죠."

"아, 그렇군요. 그 다음으로 좋은 것은 뭐죠?"

"아무래도 고흐겠죠. 여기에선 그의 그림을 최고로 친답니다. 물론 세계적으로도 그렇겠지만."

"그렇다면 싫은 것도 있나요?"

"네. 여긴 겨울이 너무 추워요. 푸른 나뭇잎이 다 떨어지면 도시가 아주 쓸쓸하고 적막해져요."

"그래도 여름엔 관광객이 많아서 좋지요."

"아뇨…. 저는 관광객이 너무 많이 오는 것은 싫어요. 여름 축제 때 사람들이 너무 많이 오면 도시가 난장판이 되고 쓰레기로 심한 몸살을 앓죠. 지난 축제 때는 거리에 나가 하루종일 쓰레기를 치웠답니다. 하지만, 방문객이 너무 적게 와도 탈이죠. 도시 경제가 마비되거든요."

그녀는 아를을 사랑하는 한 시민으로 그녀가 사랑하는 아를의 축제와 고흐, 그리고 관광객도 적당히 왔으면 한다고 말한다. 그녀가 마치 아를의 시민들을 대변하는 것 같은 느낌이 든다.

아를은 론 강, 고흐, 축제, 원형 경기장 등 이 도시만이 가지고 있는 특색을 하나의 테마로 묶어 놓은 듯 보인다. 또한 아를은 이 모든 아

대화를 나눈 중년여성

름다운 것들을 모아 거대한 도시문화의 열정이 꽃을 피울 수 있는 주옥 같은 도시다.
 론 강과 고흐는 여전히 나그네들을 유혹하며 손짓하고 있다

**marseille,
france**

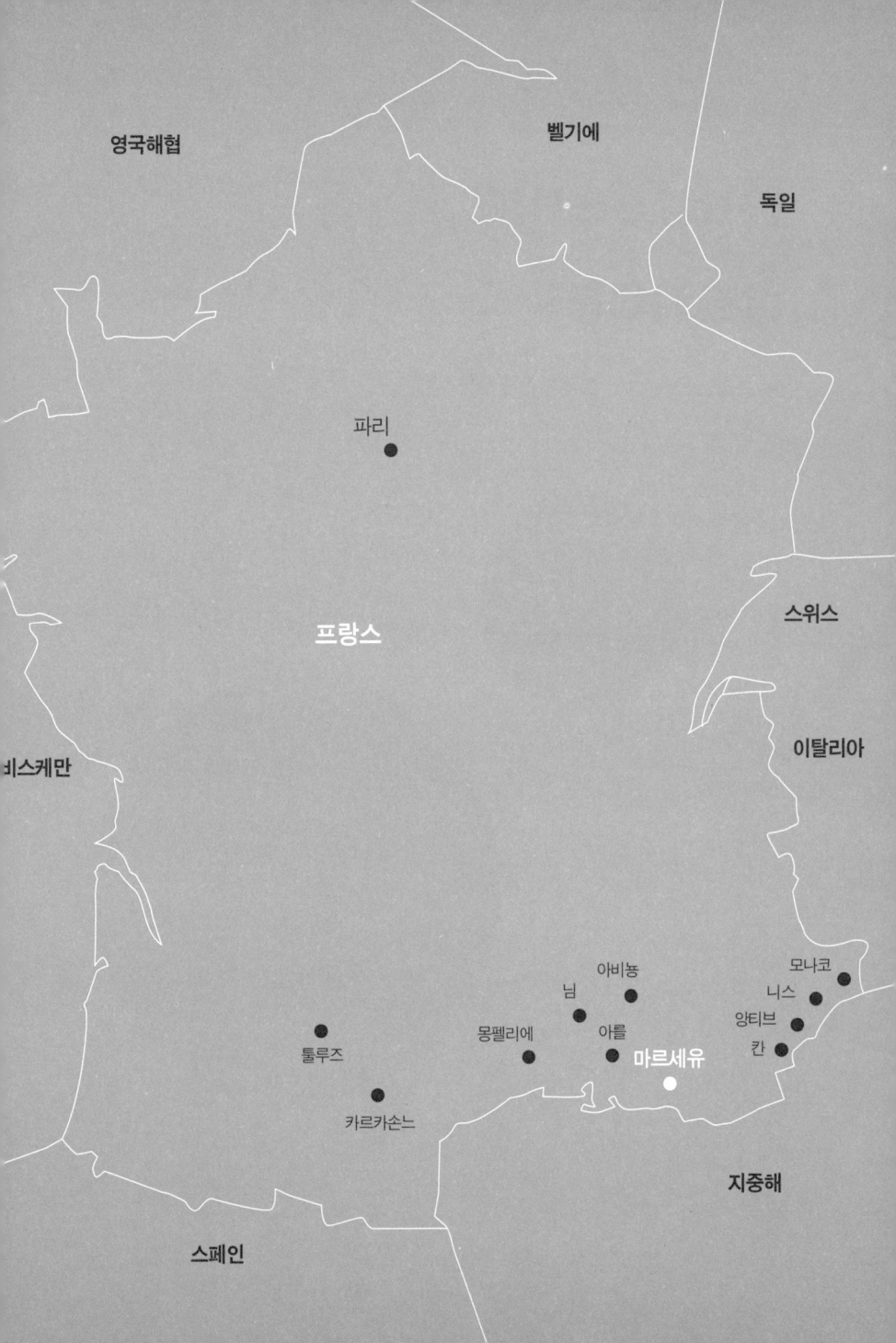

marseille, france

몬테크리스토
백작의 영혼

마르세유

6

태양이 온통 우리의 가슴에
내리 쬐는 것 같다.
보라색 물이 들기 시작한
밭 자락.
프로방스 지방에
다다를수록
라벤다 향기에 취한다.

구 시가지가 보이는 항구 모습

부두가의 노천 카페에서 에스프레소를 마시며

나는 되도록 빨리 파리를 떠나고 싶네.
얼마나 이 곳이 정신없는 곳인지…
어서 빨리 지중해의 노란 태양을 끌어안고 싶다네.
진초록빛 바닷물과 귓전을 스치는 바람들,
언덕 위에 서있는 오래된 나무들과 흔들리는 잎사귀들,
강렬한 태양 속에 반짝이는 요트들.
나는 뽀얀 안개를 보고 싶고,
순 보라의 라벤다가 지천으로 피어있는 성에서,
몬테크리스토 백작과 나란히 앉아
마르세유의 꽃과 이야기하고 싶다네…

- 파리를 떠나면서 친구에게

이른 아침 부둣가에서

　나는 파리에서 '태양의 도로'라 불리는 A6와 A7번 도로를 타고 마르세유로 내려갔다. 차창을 내리니 태양이 온통 가슴에 내리쬐는 것 같다. 보라색 물이 들기 시작한 밭 자락. 프로방스 지방에 다다를수록 라벤다 향기에 취한다. 짙은 보라색의 라벤다 밭은 바라보기만 해도 눈이 부시다. 저녁이 다 되어서야 마르세유에 도착했다.
　구 항구에서 동쪽으로 뻗은 칸비에르 거리가 저녁노을 때문인지 아직은 곱게 보인다. 나는 그림처럼 시원하게 자리잡은 카페의 파라솔 밑에 앉았다. 진한 에스프레소 커피를 마시며 이 도시를 다시 찾은 흥분을 가라앉혔다. 멀리 칸비에르 거리가 보인다. 이 거리에서 주 청사로 이어지는 곳은 상업 지구로 백화점을 비롯한 상가, 오피스, 영화관 등이 즐비하게 들어서 있다. 인구 80만의 작은 도시지만 프랑스 제 2의 도시답게 대도시가 주는 혼란과 번잡함이 속속들이 드러난다.

노트르담 드 라 가르드 성당을 오르는 길목에서

조그만 호텔 여주인이 차려 놓은 기다란 빵과
향기로운 밀크티를 마신 후 안개 낀 항구로 나간다.

나지막한 산등성이를 등지고 들어앉은 항구의 모습이 아늑하다. '거싱'이란 이 항구는 기원전 600여년 부터 지금까지 무역항으로 자리매김 해 왔다. 여름이면 마르세유는 무용제로 더욱 뜨겁다. 항구에 정박해 있는 배들을 다 치우고 수상 무대를 만들어 축제를 연다.

벨쥬 부두에는 금방 잡아온 생선들이 펄떡거린다. 항구 곳곳에 고기잡이배와 어부들의 손 때 묻은 풍경을 바라보며 오늘 저녁은 생선을 모듬냄비 식으로 익힌 마르세유의 명물요리인 부이야베스로 만찬을 즐겼으면 한다.

마르세유의 도시 경계는 요새들에 의해 자연스레 정해진다. 16, 17세기 지중해의 교두보였던 마르세유의 위력은 대단하였다. 이 때 세워진 요새들도 이채롭다. 그렇다고 우리가 마르세유를 성채도시라고 부르지 않는 이유는 도시가 성채로 둘러싸여 있지 않기 때문이다. 항구를 중심으로 남쪽에는 생 니콜라 요새가 있고, 북쪽에는 생장 요새가 있어서 마르세유를 듬직하게 지키고 있다.

이리저리 이어지는 골목길을 빠져 나가 다시 항구의 정경이 한 눈에 보이는 언덕으로 올라갔다. 멀리 바닷가에 정박해 있는 배들이 잔잔한 물결 위에서 조금씩 일렁인다. 바람이 밀려들자 꽃내음이 향기롭다. 발밑엔 보랏빛 꽃들이 바람을 따라 하늘하늘 춤을 추고 있다. 나는 꽃을 쳐다보다가 일행이 부르는 소리에 숨가쁘게 그들을 쫓아 올라간다.

저 멀리 푸른 숲에 둘러싸여 불뚝 솟아 있는 노트르담 드 라 가르드 성당이 우리를 반겼다. 성당은 신비스러운 안개에 둘러싸여 있다. 뱃사람들의 수호신으로 받들었던 13세기에 건축되어 1860년 개축된 성당

노트르담 드 라 가르드 성당 올라가는 길에 핀 꽃들

벽에는 2차대전 당시 총탄의 흔적이 아직도 남아 있다. 성당 내부에는 항해를 무사히 마치도록 기원하는 배 모형이 즐비하다. 이 곳에서 기도하면 어떠한 소원이라도 이뤄질 것같다. 성당 꼭대기에 세워진 '자유의 여신상'이 햇살에 더욱 빛나고 있다.

    이는 세계 여느 곳의 자유의 여신상과는 사뭇 다른 모습이다. 사람 키 정도의 크기에 아기 예수를 안은 마리아상을 이 곳에선 자유의 여신상이라고 부른다. 성모 마리아야말로 자유를 품에 안은 여인이므로. 근대 마르세유 시민들에게 번영과 우월감을 선사하고, 때로는 혼란과 상처를 포근하게 보듬어 주었던 가르드 성당. 그 세월을 품에 안은 높다란 성당의 모습이 퍽 인상적이다.

마르세유의 깊이는 어디서 오는 걸까?
마르세유는 프로방스의 젖줄이다.

더 넓게는 유럽을 연결짓는 고리였다. 마르세유도 다른 도시들처럼 그리스인에 의해 개척되었다. 무역의 중심지로 성장한 마르세유도 아픈 과거를 가지고 있다. 이 곳의 민중 가요를 보면 섬뜩한 한 시대의 처절함이 살을 파고 들어오는 것만 같다.

> 일어나라 동지들아
> 적의 군화 소리가 들린다.
> 적의 목을 베어 그 피를 밭고랑에 적시고,
> 우리 아이의 미래를 살리자
> ......

배가 올 때까지 나는 벨쥬 부두에서 지중해의 강렬한 햇볕을 쬔다. 드디어 배가 출발했다. 서서히 희미한 안개 속에 신기루처럼 나타난 이프 성. 커다란 바위덩어리 위에 세워진 이 건물은 감옥으로 지어졌다. 성 입구의 돌계단을 지나 성채의 안으로 들어가면 우물이 있고 2층으로 올라가면 감옥이다.

과거에 많은 정치범과 철가면이 갇혔던 이곳은 자유를 잃어버린 죄수들이 겪어야 했던 고통이 곳곳에서 묻어난다. 증오, 분노, 고독, 적막, 어두움이 감옥을 내려오는 계단에도 짙게 깔려 있다. 성 안을 배회하는 사람들의 가슴에는 회색빛 그림자가 잔뜩 웅크리고 있는 듯하다.

소설 〈몬테크리스토 백작〉의 주인공 당테스가 탈출했다는 경로를 따라 거닐었다. 마치 내가 당테스가 되어 복수의 칼을 품고 성을 빠져나

몬테크리스트 백작의 이프성

가고 있는 것만 같다.

이프성을 나와 다시 배를 타고 시내로 들어갔다. 제일 먼저 한 일은 차가운 맥주를 마음껏 마시는 일이다. 그리고는 '부이야 베스'를 즐긴다. 약간 매운 국물에 각종 생선들을 통째로 익혀 감자를 곁들인 요리인데 우리 입맛에도 딱 맞는다. 아를이나 아비뇽에서 느꼈던 색깔과 향기는 이 곳에는 존재하지 않는다. 어쩌면 아를과 아비뇽에서의 체험이 너무나 강렬했기 때문일지도 모른다.

나는 항구에 앉아 저 멀리 구시가지를 쳐다보다가 전해오는 얘기 하나가 생각났다. "이 곳을 방문하는 당신은 마르세유를 사랑하든가 아니면 혐오하든가 둘 중에 하나가 된다". 왜 사람들은 마르세유를 싫어할까? 아마도 이에 대한 부분적인 대답은 높은 범죄율에 있지 않을까.

사실 마르세유는 범죄와 인종 간의 갈등 문제로 악명이 높다. 그러면서 이내 "아! 〈프렌치 커넥션〉(French Connection)의 고장에 왔구나" 하고 실감한다. 아카데미 작품상을 받은 프리드킨 감독의 이 영화는 뉴욕 마약반 형사들의 활약상을 다루고 있다.

마르세유의 뒷골목에서 B형사가 살해된다. 마르세유에서 반입된 대량의 헤로인을 쫓던 A형사는 조직의 두목 샤니에르를 추격하다 죽을 위기를 간신히 모면한다. 결국 A형사는 마약밀매 조직의 거래 현장을 덮쳐 조직을 소탕한다는 내용이다.

이 영화는 실존인물인 형사 에디 에건의 무용담을 토대로 만들어졌다. 놀랍게도 영화 속 범죄의 무대는 마르세유다. 마르세유도 대도시의 병폐를 그대로 가지고 있기에.

나는 거리의 기운을 온 몸으로 느끼며 태양을 따라 걸어간다. 어느새 자유와 기쁨을 맛보게 된다.

남쪽의 프라도 거리를 걷다보면 이어지는 머슐레 거리의 현대적 건축물에 압도당하고, 또 얼마를 더 걸어가면 르 코르뷔제가 설계한 공동주택 단지인 위니테에 다다른다. 1952년 완성된 이 주거단지는 르 코르뷔제의 생각과 혼이 담겨 있다. 위니테는 여가 생활을 즐기는 21세기형 인간의 욕구를 단지 내에 수용하면서 동시에 공동 서비스까지 제공하는 복합적 주거 공간이다. 사람들이 건물안을 빼곡히 메우고 있지만, 넓은 외부 공간이 있는 단지이다.

울창한 숲이 위니테 주거단지를 둘러싸고 있다. 노란 햇살 한 뼘을 자리삼아 한낮의 어린 고양이가 꾸벅꾸벅 졸고 있다. 단지를 돌아드니 어느새 한가운데에 다다른다. 단지 안의 중정(단지 가운데에 설치한 정원 겸 여가시설)은 이 곳을 찾은 누구나 쉬기에 적당해 보인다. 나는 이 곳에서 잠시 쉬며 건축물을 둘러 보았다. 코르비제는 단지 안에 외부 환경으로부터 차단된 중정을 만들어 만들어 그로인해 생기는 또 다른 우주를 탐구했을까? 그의 단지계획 철학은 어디서 가져왔을까? 그는 프리에의 이상적인 커뮤니티 팔랑데르와 에마 수도원에서 영감을 얻었다고 한다. 위니테에는 설계의 기본 개념이라 할 수 있는 몇 개의 원칙이 있다.

첫째는 1층을 빈 공간(필로티)으로 처리하여 건물이 마치 물 위에 떠있는 것처럼 보이게 하며, 둘째는 주택과 복도를 나누어 여객선의 객실처럼 계획하고, 마지막으로 옥상정원과 굴뚝은 여객선의 갑판 위처럼 만든다는 것이다.

도시학자 멈포드는 위니테가 서민을 위해 계획된 주거 단지이지만 실제 사는 사람들은 서민들이 아니고, 복도는 길고 어두워서 거주민을 우울하게 할 수도 있고, 상업시설(7층)은 전혀 손님이 없어 유령의 집 같다는 등 혹평을 한 적이 있다. 그럼에도 불구하고 이곳은 근대 주거단지 계획의 이정표라고 해도 과언이 아니다. 해질 무렵의 위니테의 모습이 독특하다. 한적한 저녁 노을 속에서 허리 굽은 노인과 어린 아이들이 중정에서 함께 어우러져 있는 풍경이 감동적이다.

마르세유는 새롭게 만들어진 신시가지에서도 또 다른 모습을 유감없이 드러낸다. 근래에 발견된 그리스 시대의 항구 유적지 주변에 새로운 거점이 떠오르고 있다. 상공회의소 북쪽으로 가면 신시가지의 다양한 기능이 잔잔한 분위기에 어우러져 펼쳐진다. 이 곳은 마르세유의 새로운 상업, 금융, 행정, 교육의 중심지가 되고 있으며, 엑스마르세유 대학과 전기, 상선 학교가 몰려 있다. 여기에 대주교구까지 갖추고 있으니 없는 게 없다고 할 수 있다. 이 정도면 도시 속의 신도시(New Town in Town)라고 불러도 좋을 것이다.

지중해는 지리학적으로 남유럽과 북아프리카, 아시아 등 여러 문명이 어우러져 만들어진 해양 문명이다. 약육강식이 판을 치는 생존 경쟁에서 살아남아 지중해 북서쪽의 중요한 항구 도시의 전통을 이어 온 마르세유. 다양한 문명이 어지럽게 자리하는 그 중심에는 언제나 마르세유가 있었다. 그래서 마르세유라는 렌즈를 끼고 지중해를 바라보는 느낌은 더욱 각별하다.

아름다운 항구, 전설적인 이프섬, 복잡한 구시가지, 공동체를 위한 위니테 주거공간, 모듬 생선찌게 부이야베스, 몬테크리스토 백작 그리고 철가면, 항구에서 불어오는 바람, 그 모두가 나에게는 소중하다.

마르세유 여행은 나를 풍요롭게 만들어주고 도시의 소중함과 나를 일깨워주는 소중한 선물이었다.

위니테 주거단지의 오후, 고양이 모습

**nimes,
france**

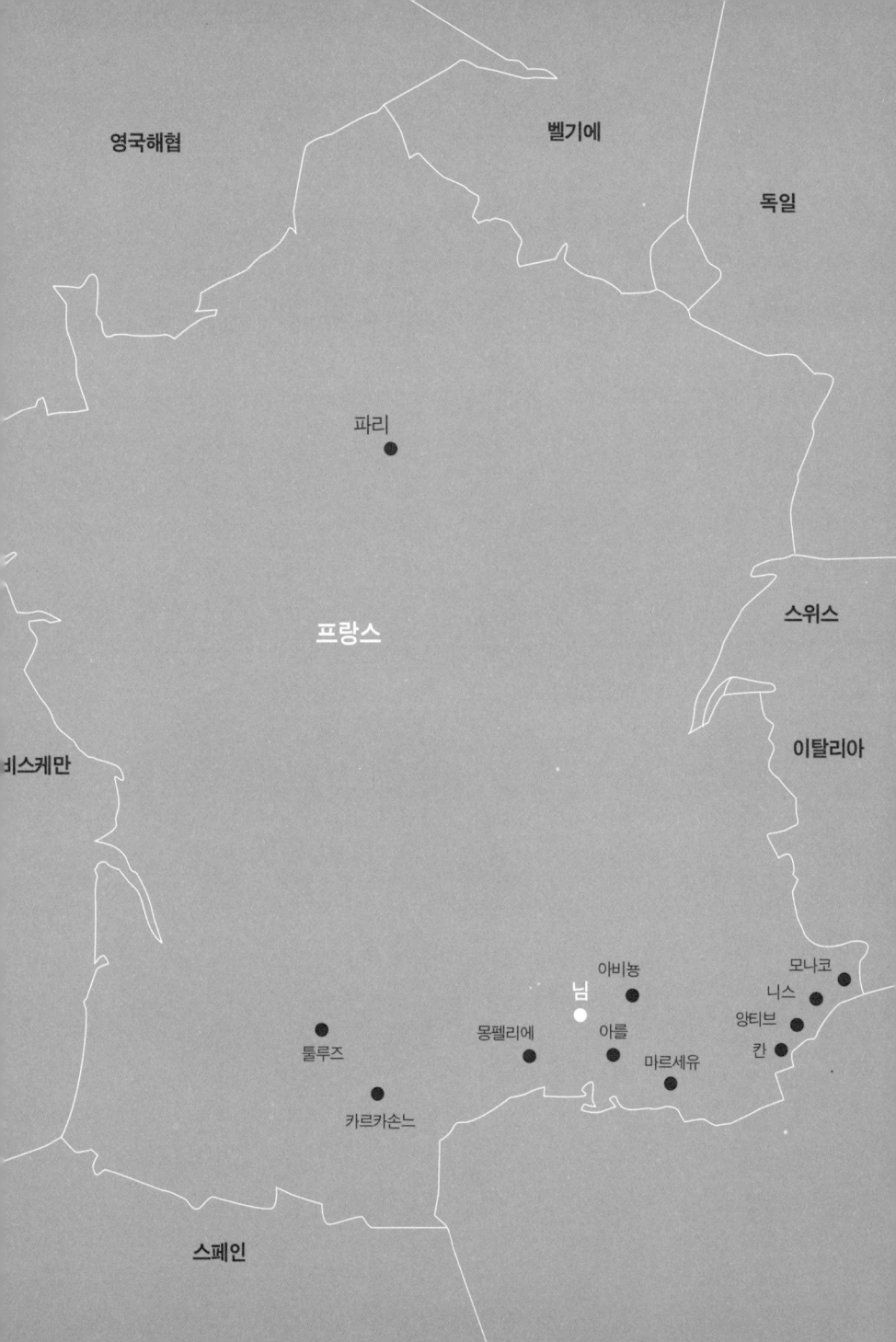

Nimes, france

축제와

영혼의 둥지

님

7

그녀의 말처럼
열차는 어느 새
영혼의 둥지라고 불리는
님에 도착했다.
푸른빛의 조용한 바다가
수놓은 듯 눈앞에 펼쳐진다.

전통 조경으로 꾸며진 지르댕 드 퐁텐 분수 정원
(Jardin de Fontaina)

님으로 가는 길의 '라벤다와 집'

우리는 님으로 가는 열차에서 만난 따뜻한 인상의 중년 여성과 대화를 나눴다. 그녀는 〈국화 옆에서〉에 등장한 누님처럼 푸근하고 정감있는 얼굴을 하고 있다. 세상을 살면서 고통과 행복을 겪었을 나이였음에도 소녀처럼 해맑은 얼굴이다.

"얼굴이 소녀같으세요…"

"여기에 살면 누구나 나이를 먹지 않아요. 왜냐면 이 곳의 자연은 아주 특별한 묘약을 가지고 있답니다."

"큰 도시에 살고 싶진 않으세요? 아무래도 작은 곳에 있다보면 답답하고 불편한 일들이 많을텐데…"

"아유, 싫어요. 딸은 파리에 사는데, 한번 갔다오면 정신이 멍해지고 땅이 꺼지는 듯한 어지러움을 느껴요."

"그럼 이곳에선 안 그런가요?"

"그럼요. 여기선 마음이 편하고 어지럽지도 않고 슬프지도 않아요. 왜냐하면 이 곳은 내 영혼의 둥지거든요."

열차는 어느 새 그녀의 말처럼 영혼의 둥지라고 불리는 님에 도착했다. 눈앞에 조용한 바다의 푸른빛이 수놓은 듯 펼쳐진다. 하얀 포말을 일으키는 바다로 밀려나가는 우리의 바다와는 달리 님의 바다는 모든 것을 심연의 세계에 묻으려는 듯 조용하고 차분하다.

바라보기만 해도
그 아름다움으로 눈이 부신 님

지중해 근처의 조그만 도시 위로 강렬하고 뜨거운 빛이 세차게 쏟아진다. 그 사이사이 꽃구름이 둥실둥실 걸려있다.

"어떤 사람들이 이런 마을에 살까?"
"그들은 저 태양처럼 정열적인 사람들일까?"
"정말 님과 같은 사람들이 살까?"
질문들로 머리속이 복잡하다.

이 도시가 낯설지 않은 것은 '님'이라고 불리는 도시의 이름 때문은 아닐까. 우리의 한 많은 정서에 가장 많이 등장하는 님. 붉게 물들어 가는 님의 하늘을 쳐다보며 떠나간 '님'을 애절하게 기다리는 여인의 절규하는 목소리를 듣는 것처럼 가슴이 아려온다. 하지만 내 마음과 상관없이 '님'의 모습은 천진한 아이의 해맑은 얼굴처럼 순진하게 이방인을 맞는다.

간단히 아침 식사를 하고 주택가를 거닐었다. 계단을 따라 안개가

님으로 가는 길목에서 만난 해변 마을

주택가 모습

가득 피어올라 있다. 베란다에 꽃을 마련해 놓은 집들이 의외로 많다. 누군가 베란다 창문을 열고 미소지으며 우리를 부를 것만 같다. 나는 '창문을 열어다오!' 노래를 부르며 무릎을 꿇고 연인에게 사랑을 고백하는 남자처럼 창문을 쳐다보았다. 조금 열려 있는 창 너머로 여인의 뒷모습이 따스하게 보인다. 골목길엔 여러 사람들이 돌아다닌다. 그들의 인상은 아주 넉넉하고 포근하게 느껴진다. 아이들의 해맑은 웃음소리가 골목에 퍼져간다. 이런 정겨운 모습에 이 도시의 지난날이 겹쳐진다.

    이곳은 로마의 옥타비아누스가 안토니우스와 클레오파트라의 군대를 이집트에서 무찌른 기념으로 세운 도시이다. 그래서인지 로마와 닮은 점이 많다. 그들은 케피톨과 같이 언덕 위에 건설된 로마를 본 따서 일곱 개의 언덕 위에 신도시를 만들었다. 해안을 둘러싼 이곳은 현재 몇 개의 성문 흔적뿐이지만, 다른 지중해 도시처럼 성벽 도시이다. 165만평에 달하는 거대한 성벽 도시. 이 도시는 까발리에(Cavalier)라는 언덕 위에 탑을 세워 적군의 공격을 알림과 동시에 남프랑스의 동서를 연결해 주는 중요한 역할을 했다. 성 안의 도시에는 군인과 시민 2만 명이 언제 들이닥칠 지 모르는 적군에 대해 불안한 마음으로 하루하루를 살았을 것 같다.

영화 〈트로이〉의 한 장면이 떠오른다. 긴 성벽 위로 궁사들이 적군에게 활을 겨누고 있고, 성 안에 있는 사람들은 모두 어디론가 대피할 준비를 하며 분주히 움직인다. 공포에 휩싸인 성 안은 혼돈으로 가득찬다. 그때의 성은 처절한 삶의 모습 그 자체가 아니었을까?

역사를 뒤로 한 채
예술에 대한 혼으로 살아 숨쉬고 있다.

이 곳에서도 남프랑스의 여러 도시와 마찬 가지로 5월이면 '페리아' 라는 축제가 열린다. 축제가 열릴 때면 차분하던 도시는 불꽃같은 열정이 넘친다. 이 축제는 사람들이 현실을 잊게 만드는 마력을 가지고 있다. 그리고 매년 더 자유롭고, 편하고, 새롭게 발전하고 있다. 축제를 통해 사람들은 서로의 마음을 열고 모두 가족이 된다. 낙천적인 남프랑스 사람들의 정서를 그대로 닮은 이 축제는 화려하면서도 소박해서 나그네의 마음을 사로잡는다.

"이 축제는 어느 때 보다도 다양한 프로그램을 선보일 것입니다. 모두 한 마음으로 움직이는 게 쉽지는 않겠지만 이번 축제만큼은 우리

지방 특유의 투우와 예술가들의 심혈을 기울인 작품을 보여 줄 것입니다. 이제 우리들의 따뜻한 마음을 이 자리에서 마음껏 풀어놓고 놀아 봅시다."

시장의 개회사가 끝나자, 원형 경기장에서 팡파레를 울리며 축제의 시작을 알린다. 퍼레이드도 벌리고, 주점과 재래시장 등이 열려 님의 저녁을 황홀하게 만든다. 노천 상가는 시 당국에서 뉴밀레니엄 행사를 축하하기 위해 설치한 것이지만 시민들의 반응이 좋아 수시로 설치하여 운영하기도 한다.

우리는 저녁 시간에 노천 상가로 나갔다. 이 곳에는 의류, 과일, 생필품 등을 파는 카페가 있어 사람들이 즐겨 찾는 명소가 되었다.

기울어가는 석양을 따라 원형 경기장 서쪽에 있는 식당(Les Olivades)으로 갔다. 그 곳에서 활짝 벌어져 맘껏 자신을 뽐내고 있는 노란 장미의 처연한 아름다움이 나를 사로잡는다. 사소한 바람에도 몸을 떠는 꽃잎과 함께 옆 테이블에서 식사하는 사람들도 정겹다.

음식을 주문한 지 15분이나 흘렀지만, 아직도 식탁은 비어 있다. 우리나라였으면 재촉했을텐데, 여기에서는 장미를 쳐다보는 것만으로도 기다림이 즐겁다. 드디어 쇠고기를 얹은 감자, 기름에 볶은 당근이 나왔다. 나는 따뜻한 홍차 한잔을 곁들여 여유롭게 식사를 즐겼다.

식사를 마치고 밖으로 나오자 어느 덧 거리는 어둠이 깔려 있다.

사람들이 모두 거리로 뛰쳐나온 듯 거리는 온통 퍼레이드의 물결에 휩싸엿다. 한 쪽에서는 남녀가 음악에 맞추어 모든 것을 그대로 털어낼 듯이 몸을 흔들면서 춤을 추고 있다. 신명난 우리네의 어깨춤처럼 그들의 춤도 어깨를 들썩거리게 만든다. 여기 저기에서 흥이 난 사람들의 신나는 노래 소리가 요란하다. 한편에서는 마술이 한창이다. 공과 곤봉으로 이어지는 손동작은 신기에 가깝다.

간이 천막 속의 노천 상가

사람들은 축제를 즐기기 위해 2개월 전부터 숙소를 예약한다. 축제가 사람들의 마음을 이어주는 것일까, 세계의 사람들을 유혹하듯 손짓하여 프랑스 남부의 이 작은 도시로 불러들인다.

님은 로마가 이곳에 들어오기 이전에는 켈트족(Celts)이 지중해 전역을 무대로 활발하게 무역을 하던 도시였다. 로마가 이 곳으로 오고 나서 켈트족은 로마인들에게 동화되어 그들과 공동체를 이루며 살았다. 하지만 안토니우스가 패배하자 로마 용사들과 선원들 그리고 이집트 함대 등이 남프랑스 쪽으로 몰려들어 이곳에도 일종의 식민 도시가 만들어지게 되었다.

이후 식민지이자 신도시인 이 곳의 원주민들도 당당한 로마 시민이 되면서 주요 도시로 부각된다. 마치 타임머신을 타고 온 것처럼 건물이 잘 보존되어 있어 당시의 로마의 풍요롭던 모습을 엿볼 수 있다.

식당에서 본 장미와 화병

님의 건축양식은
로마의 건축 형태 그 자체이다.

거대한 원형 경기장은 로마의 콜로세움을 그대로 옮겨다 놓은 것 같다.

메종 카레(Maison Carree)의 아름다움은 과거와 현재를 동시에 갖고 있기 때문이다. 원형에 가까운 코린트식 사원의 풍광이 이채롭다. 나는 자르뎅 드 퐁텐(Jardin de Fontaine)이라 부르는 정원 벤치에 앉아 먹다 남은 빵 한 조각을 땅에다 던졌다. 그러자 이름모를 새 한 마리가 빵 조각을 잡아채어 발톱 사이에 움켜쥐고는 하늘로 날아간다.

내가 있는 이곳은 로마 시대에 극장, 목욕탕 등 공공 시설이 있었던 곳이지만, 지금은 한 구석에 다이아나 신전만이 외롭게 자리를 지키고 있는 정원이 되었다. 연못과 커다란 분수에 어우러지는 푸르른 숲이 정원 주위를 감싸고 있다.

지금 막 꽃봉우리를 열고 세상을 내다보는 꽃처럼 나는 머리를 들어 영롱한 연못과 푸른 숲을 바라본다. 당시 사람들의 조경 설계에 대한 안목이 분수 옆에 나를 석고상처럼 세워 놓았다. 한 때 귀족들의 휴식처로 쓰였던 화려한 정원의 면모가 구석구석 드러나며 나를 과거의 세계로 안내한다.

마치 그리스 신전을 떠올리게 하는 이 사각의 신전은 기원전 1세기에 아우구스투스 황제의 손자들을 위해 지어진 것이다. 이 신전은 정치, 경제, 문화의 중심기능을 했다. 화려한 신전의 모습을 보며 루이 14세가 왜 이 신전을 베르사유로 옮기려고 했는지 이해가 되었다. 이렇게 잘 보존된 문화 유산들 하나하나의 흔적들이 도시를 더욱 멋스럽게 만들고 있는 것은 아닌지.

도로를 따라 차로 한 30분쯤 달렸을까. 뜨거운 태양 아래 솟구쳐

저녁시간 원형 경기장

오르는 듯, 2천 년 전에 지은 퐁 뒤 가르(Pont du Gard)라는 수도교가 나타났다. 주변에 펼쳐지는 푸른 들판의 나무숲과 어우러져 있는 이 거창하고 아름다운 모습을 바라보니 우리 민요 한 구절이 떠올랐다.
"사람이 살면 몇백 년이나 사나, 개똥같은 세상이나마 둥글둥글 사세"
하지만 수도교는 위태롭게 보이면서도 꽤나 긴 삶을 이어가고 있다.

  이 수도교는 기원전 19년에 아그리파가 45km나 떨어진 곳에서 물을 운반하기 위해 건설한 것이다. 3층 구조물로 된 이 수도교는 주요 공원, 욕장 그리고 식수탱크에 물을 보내기 위해 만들어졌다. 항상 물이 부족했던 험난한 자연 환경을 극복하기 위해 이 거대한 건축물을 얼마나 힘겹게 만들었을까. 로마 사람들의 의지와 지혜가 절절하게 베어 있는 듯했다.

  캔버스를 펼쳐놓고 연필로 수도교의 모습을 스케치했다. 하지만 우아한 아치를 쳐다보느라 스케치가 힘들다. 하나하나 아름다운 모습에

퐁 두 가르(Pont du Gard) 수도교

정신이 팔려 주변을 쳐다보기 힘들 정도다. 섬세한 아름다움과 함께 멋진 풍경이 연필을 잡은 손을 더 혼란스럽게 만든다.

태양과 지중해, 과거와 현대에 한껏 취해있는 도시.

이곳은 이제 그들만의 도시가 아니다.

님은 이 도시에 발을 들여놓은 나그네들에게 새로운 세계를 열어주고 있다. 이미 1960년대 이후 북아프리카인의 이민으로 인구가 급격히 늘어났고, 이 곳을 찾는 관광객들도 해마다 꾸준히 늘고 있다.

님은 이제 세계 속의 도시로 성장하여 이방인들을 그 정취에 푹 파묻히게 하고 있다.

cannes,
france

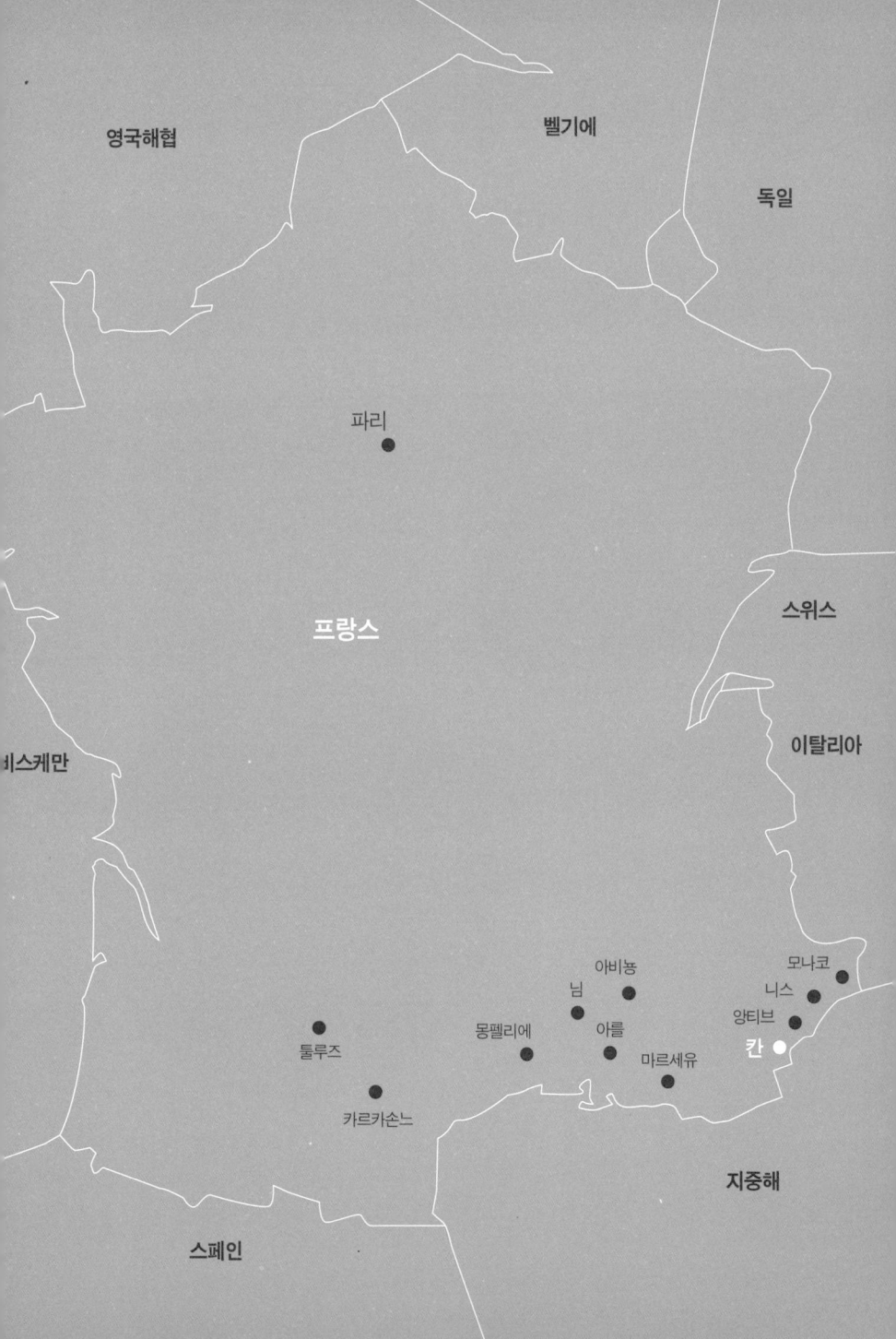

cannes, france

영화인의

꿈

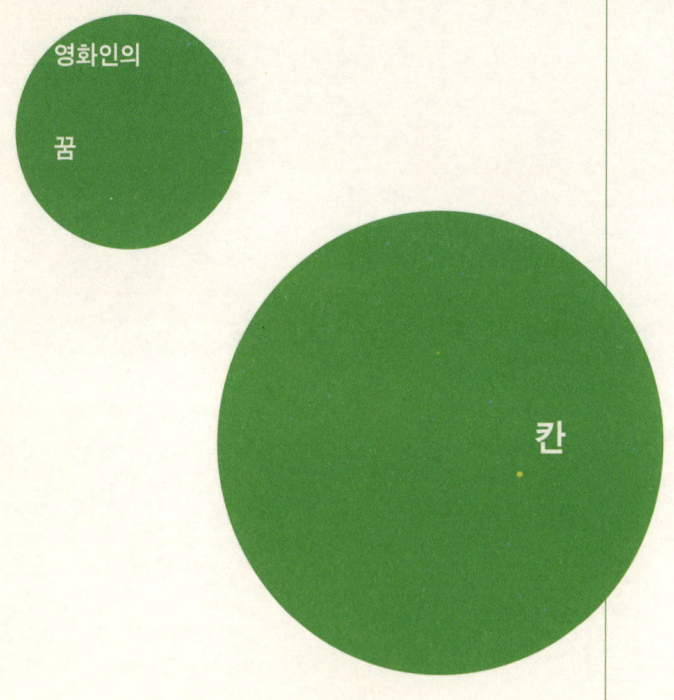

칸

8

도착하자마자
내 마음은 칸의
매력에 흠뻑 젖었다.
수많은 영화 장면들이
해변을 걷는 내 머릿속에
흘러간다.

칸으로 가는 길의 마을 풍경

영화제로 유명한 도시

지중해를 따라 칸으로 가다보면 아기자기하고 고만고만한 집들이 마치 '경연대회'라도 하듯 자태를 뽐내고 있다. 마치 단오날 긴 머리를 풀어 헤치고 옹기종기 모여 머리를 감던 여인들의 모습처럼 바닷가에 머리를 풀어헤치고 있는 듯한 모습이다. 바닷물에 비치는 주택의 모습은 햇살 아래 반짝이며 조그맣게 흔들린다.

수많은 영화의 주옥같은 장면들이 해변을 걷는 내 머리속을 꽉 채운다. 흑백 영화부터 최근 헐리웃 영화까지 삶의 희로애락을 담은 수많은 필름들은 칸의 해변을 거니는 많은 사람들의 모습처럼 이곳에서 다양하게 펼쳐졌다.

칸은 매력적인 도시다. 특히 영화를 만드는 사람들에겐 꿈의 도시다. 몇 해 전부터 우리나라 영화들이 줄줄이 칸에 초청되었다는 뉴스가 크게 보도되고 있다. 우리에게도 칸은 그렇게 꿈처럼 다가오고 있다.

이곳은 천재 감독인 쿠엔틴타란티노의 영화처럼 감각적인 모습과 짐 자무쉬의 영화처럼 몽환적인 미학을 함께 추구하는 도시다. 짐 자무쉬가 잠깐 들른 프랑스에서 영화에 대한 미학을 완성하여 유럽인들에게 선풍적인 인기를 얻었던 것처럼 칸은 새로운 미학을 우리에게 선보였다. 결국 짐 자무쉬의 작품 〈천국보다 낯선〉은 칸에서 인정을 받게 된다. 그것은 이 영화적 분위기가 칸과 너무나 흡사한 까닭은 아니었을까….

크르아제트 해변의 고급호텔과 별장은 수백 명의 영화제 참가자들로 인해 연일 북적거렸다.

1939년 9월 1일 온 영화인들의 꿈을 담아 칸영화제가 처음 개막되었다. 그러나 다음날 2차 세계대전이 발발하여 안타깝게도 영화제는 하루 만에 막을 내려야했다. 전쟁은 이 조그만 도시까지 송두리째 짓밟

칸의 보행자 거리에서

았다. 결국 전쟁이 끝난 1946년, 영화제는 다시 시작되었다. 그러나 개최 당시는 영화인들의 파티와 다름없는 작은영화제일 뿐이었다.

    그 후 영화제는 차츰 탄탄한 국제행사로 자리매김하며, 새로운 영화에 아낌없는 찬사와 스포트 라이트를 비추며 영화인의 축제로 만들어가고 있다. 이제 칸영화제는 올해로 57살의 중년이 되었고, 노련함으로 꾸준하고 활발하게 그 역할을 다하고 있다.

    장르와 상관 없이 작품을 출품하기 위해 수많은 영화계의 관계자들이 모여드는 곳. 그들의 경쟁하는 모습이 바로 칸이 시간을 뛰어 넘어 얼마나 긴 생명력을 지닐 수 있는 지 대변해 준다. 마치 영화의 생명력처럼….

    칸은 인간의 머리 속에서 만들어지는 수많은 상상력의 결정체인 영화처럼 우리의 곁에 오래도록 자리할 것이라는 믿음을 갖게 한다.

칸의 보행자 거리 식당가에서

그 예술적 분위기에 취하기 위해 세계의 수많은 영화팬들은 지중해를 넘어 남프랑스의 소도시로 향하고 있다.

신시가지의 하이라이트라 불리는 크루아제트(de la Croisette) 거리. 해변 산책로라고도 불리는 이 거리는 칸느 해변을 따라 약 3km에 걸쳐 있다. 매년 5월, 칸영화제의 다양한 행사는 이 거리를 따라 펼쳐지며 영화인들의 마음을 설레게 한다. 영화제가 시작되면 이 거리는 형형

색색의 수많은 인파로 물결친다. 이 곳은 호텔, 별장, 상점, 식당 등이 즐비한 칸의 중심이자 상징 거리이다.

이 거리를 보행자몰 혹은 쇼핑몰이라고 불러도 좋다. 영화제 하나가 이 도시의 경제를 이끌어 가고 있는데, 영화제를 개최하는데 소요되는 예산은 우리 돈으로 약 900억원이란다. 이 중 절반은 국립 영화원과 알프-코트다쥐르 지방정부에서 부담하고 나머지는 후원 단체에서 부담한다고 하니 영화 산업이 탄탄한 뿌리를 내리지 않을 수 없다는 생각이 든다.

갑자기 우리의 영화제에 대한 생각으로 우울해진다. 부산 국제영화제, 부천 판타스틱영화제 그리고 몇 해전 시작된 전주 국제영화제…. 우리의 영화제는 아직 어린 아이의 걸음마 수준이다. 그렇지만 아이가 말을 배워 재롱을 떨며 성장해 나가듯 우리도 튼튼하게 성장해 나가리라 기대한다.

나는 우리 영화의 발전을 기원하며 이 거리를 걸었다.

보행자 거리의 야자나무 잎사귀들은 영화 〈7년만의 외출〉에서 지하철 환풍구 위에 선 마를린 먼로의 치마자락처럼 유난히 흩날린다. 그 밑에는 팔짱을 끼며 다정스레 걷는 사랑스러운 연인, 황혼의 나이에 서로를 의지하며 손을 잡고 걷는 아름다운 노부부, 몸매를 뽐내며 힘차게 걷는 젊은 여성의 모습이 어우러진다.

장동건, 원빈 주연의 영화 〈태극기 휘날리며〉(감독 강제규)가 제57회 칸영화제의 스페셜 스크리닝 작품으로 초대되었다. 스페셜 스크리닝 세션은 본상 수상과는 관계없지만 칸느 영화제에서 가장 상업적인 작

'칸나'와 어우러져 있는 꽃들

품으로 관심이 모아지는 분야이다. 전세계에 〈태극기를 휘날리며〉는 세계인들에게 전쟁의 아픔과 분단의 비극을 알리며 칸의 스크린을 달궜다.

결국, 미국의 한 배급업체가 이 영화를 고가에 사들여 태극기가 미국에서도 휘날릴 수 있었다. 또한 영화〈올드보이〉의 메가폰을 잡은 박찬욱 감독은 칸느의 심사위원 대상을 수상하여 세계적인 연출력을 과시하기도 했다. 앞으로도 한국 영화들이 세계에 예술성과 작품성을 인정받으며 주목받기를 기대해본다. 날로 성장하는 우리의 영화 산업을 보며 가슴 벅차오르는 감동을 느끼며 발에 밟히는 야자수 잎을 살며시 차본다.

모래와 하늘, 나무와 바다, 여기에 앞 다투어 피고 있는 꽃들이 도시 전체를 화려하게 수놓고 있는 해변의 도시.

'칸(Cannes)'이라는 도시의 이름은 '칸나(Canna)'라는 갈대모양

신시가지 내의 가게에서 발견한 꽃과 화병

의 진갈색 꽃을 말하는 라틴어에서 유래했다고 한다. 옛날 이곳 해안가는 수많은 '칸나'로 뒤덮혀 있었다고 한다. 그래서 칸이 되었을 것이다.

칸나의 색깔도 저마다 다른 빛을 섞고 있다. 아마도 자기가 태어난 도시의 빛깔을 닮아가는 것은 아닐까.

해변을 거닐자니 '바다, 항상 새로이 시작하는 바다'라고 지중해를 노래한 발레리의 노래가 들리는 듯하다. 지중해, 특히 남프랑스 해안인 '꼬뜨 다쥐르(Cote d' Azur)'는 사람들을 사랑에 빠지게 하고, 자연의 깊이를 느끼게 해 주며, 여행의 소중함을 알려주는 곳이다.

쪽빛 해안이라고 부르는 꼬뜨 다쥐르는 마르세유에서 툴롱을 거쳐 칸, 니스, 앙티브, 몬테카를로, 망통, 산레모까지 이어지는 해안이다. 칸은 영화뿐만 아니라 그리스와 로마의 식민 거점 도시들이였기에 헤아릴 수 없이 많은 문화와 전통들이 곳곳에 묻어 있다.

파리를 중심으로 한 프랑스 북부지방의 분위기가 기후와 게르만의 특성 탓인지 공격적이고 야성적이라면, 이 곳 꼬뜨 다쥐르는 낭만적이고 지성적이라고 할 수 있다. 보들레르가 〈파리의 우울〉에서 북부지방은 변덕스러운 날씨 속의 '무거운 사색'이라고 표현했다면, 이 곳은 알퐁스 도데의 〈별〉에서처럼 '순수함과 열정'이라고 말하고 싶다.

로마는 마르세유에 이어
이 작은 항구 도시마저도 그들 손아귀에 넣었다.

칸은 지리학적 위치 때문에 수시로 약탈을 당하는 괴로운 역사를 지니고 있다. 로마 시대에도 칸은 바바리안을 포함한 여러 이민족의 침입을 받았다. 그후 얼마동안 프로방스 백작이라는 지방 영주의 그늘에 속해 있다가 정식으로 프랑스 영토가 되었다.

1815년에 나폴레옹이 엘바섬에서 귀양을 마치고 파리로 가는 길에 칸에 들리게 된 것을 계기로 황제가 된 뒤에도 이곳과 좋은 관계를 유지했다고 한다.

칸은 영국 귀족들의 휴양지로 알려지며 세계적 도시가 되었다. 콜레라가 심하게 번창하던 1834년 영국의 브로엄(Brougham)경은 프랑스의 국경이 폐쇄되자 이 곳 칸에 머무르게 되었다. 지중해의 강렬한 태양과 바다, 그리고 낙천성과 예술적 감성이 거부할 수 없는 유혹으로 다가온 것이다. 그는 화려한 풍광에 도취되어 죽을 때까지 이 도시에서 살았다.

그 후 칸으로 향하는 영국 귀족들의 행렬이 줄을 이었고, 이로서 세계적인 휴양지로 발돋움하는 계기가 되었다. 이 당시 건설된 철도가 영국을 비롯한 유럽의 귀족들을 이 곳으로 끌어모은 결정적인 역할을 하게 된다.

칸은 사실 영국 사람들이 만든 인공도시이자 휴양 도시이다.

영국 귀족들이 내려오기 이전의 이 도시는 별 볼일 없는 척박한 땅이었다. 일년에 절반이 비 한 방울 오지 않는 기후에, 먹을 것이라곤 양파, 이집트 콩, 올리브, 생선 밖에 없는 곳이다. 그들에게 물이라곤 가끔씩 내리는 비가 전부였다.

영국 사람들에게 꽃과 잔디가 없는 삶은 죽음과도 같기에 브로엄경은 영국의 관개와 수로 시설을 전문으로 하는 회사에 의뢰하여 이 곳에 상수도를 만들었다. 이 상수도는 꽃뿐만 아니라 시민들에게도 생명수의 역할을 하게 되었다. 그 때부터 세계 각국에서 들여온 꽃으로 인해 칸은 지금처럼 아름답고 역동적인 모습을 갖게 되었다.

해안도로를 달리다보니 시원한 바다가 눈앞에 펼쳐진다. 버스에 탄 일행 중 한명이 들뜬 목소리로 "바다다"라고 외친다. 이내 예쁘고 우아한 요트들이 바다위를 화려하게 장식한다. 바다와 요트가 빚어내는 신비함이랄까.

　　나는 그 신비로움에 취해 넋놓고 바다를 바라본다. 가슴이 확 트이며 시원한 물결이 내게 밀려오는 것만 같다. 바다를 바라보고 있자니 이곳에서 여생을 마친 영국 귀족 브로엄경이 새삼 부럽게 느껴진다.

영화의 도시, 해변 도시 그리고 귀족 도시

칸의 이미지에는 현대적인 상업 도시라는 느낌이 강하게 묻어난다. 이곳에도 다른 도시들처럼 신시가지와 구시가지가 있다. 프로방스 스타일의 꽃 장식과 덧문을 한 건물과 고전적인 거리 모습의 구시가지. 구시가지의 좁은 골목길을 따라가면 몽 슈발리에(Mont Chevalier)언덕에 오르게 된다. 이 곳 언덕에서는 화려한 도시가 한 눈에 들어온다.

　　언덕을 따라 아기자기하고 예쁜 중세 건물들이 옹기종기 모여 있는 이 곳에선 연인은 누구나 사랑에 빠진다는 전설이 내려오고 있다.

　　이 도시의 해변은 부자와 일반인의 해변으로 확연하게 나눠져 있다.

　　부자 해변이란 호텔이나 별장 전용 해변을 말하고, 그 밖의 해변은 대중이 이용하는 해변이다. 해변은 모든 바다의 아름다움을 몸으로 느낄 수 있는 곳이어야 한다. 자연을 돈으로 소유하는 그들의 모습이 상업적으로 물들어가는 현대인의 마음을 나타내는 것 같아 가슴이 아려온다.

　　해변을 따라 거니는 사람들, 모래사장에 누워 몸을 태우는 사람들, 영화제로 먹고사는 사람들, 옛 마을 지붕들, 레랭제도(lles des

Lerins)가 보이는 지중해… 그런 풍광들이 마음 속에 차곡차곡 쌓인다. 개성이 강한 사람들이 모여사는 이 곳엔 늘 활기가 넘쳐흐른다. 방파제로 둘러싸인 내만 선착장에 수백여 척의 배들이 정박해 있다. 영화제로 인해 세계 영화인들의 생각까지도 담아 낼 수 있는 매력적인 도시, 모든 것들은 진정 영화를 사랑하는 사람들의 정열적이고 아낌없는 성원이 있기 때문이다. 칸은 이를 통해 세계적인 영화 예술의 도시로서 매년 거듭 태어나고 있다.

영화제를 통해 세계인의 꿈의 도시가 된 칸. 앞으로도 칸영화제에 우리나라 영화들이 해마다 초청되는 기쁜 소식을 기대하며 아쉬움을 뒤로 한 채 빠져 나왔다.

바다 위에 떠있는 배

antibes,
france

antibes, france

피카소의

영혼

앙티브

9

부드러운 바다와 황홀한 도시가
우리 곁으로 점점 다가온다.
앙티브의 이미지는 깨끗하고
곧은 선비와 같다.

그리말디 성채의 모습

노란 태양 속에서 불어오는 바닷바람이 나를 유혹한다. 칸을 떠난 지 20여 분, 기차는 무엇에 이끌리듯 앙티브 역에 도착했다. 부드러운 바다와 황홀한 도시의 자태가 점점 우리 곁으로 다가온다. 앙티브의 이미지는 깨끗하고 곧은 선비와 같다.

바닷가를 넓게 품고 있어 너그럽고 인자한 도시

전통과 현대를 두루 살필 줄 아는 도시, 앙티브. 아담하고 화사한 도시이지만 여름 재즈 페스티발이 열리면 숨어 있던 강한 열정을 그대로 드러낸다. 즐거움을 몸으로 표현하는 방문객들의 힘찬 몸짓과 주민들의 움직임이 싱그럽게 느껴진다.

바닷가를 끼고있는 도시가 모두 아름다운 것은 아니다. 몇 가지 조건을 갖춰야 한다. 앙티브는 고운 모래, 강한 태양, 푸른 바다, 깨끗한 도시, 높은 삶의 질 등 모든 면을 골고루 갖추고 있다.

그 중에서 태양을 받아 그 깊은 심연까지 그대로 들여다보이는 맑고 깨끗한 바닷물에 감동했다. 그것은 우리네 바다처럼 거친 파도가 아닌 잔잔한 물결로 마치 사람들에게 어서 안으로 들어오라고 손짓하는 듯하다. 바닷물을 바라보며 이런 아름다움을 보기 위해 인생이 존재하는 것은 아닐까 하는 생각을 했다.

이곳은 유럽 부호들의 휴양도시다. 갑부들은 도시에 현대식으로 호화로운 건물들을 짓고 있지만 고유의 아름다운 자연 경관을 송충이처럼 사각사각 갉아 먹고 있는 것처럼 보인다.

이 곳엔 83개의 호텔과 11개의 캠핑장이 우후죽순 생겨나고 있

앙티브의 해변

다. 여름철이면 앙티브는 차와 인파로 몸살을 앓는다. 하지만 이 곳 사람들은 앙티브에 대한 자긍심이 대단하다.

    4세기 마르세유의 그리스인들이 앙티브로 이주하면서 이 도시에 붙인 이름은 안티폴리스(Antipolis). 반(Anti) 도시(Polis)라 도시에 반대한다는 의미가 아니고, 그냥 지은 이름이다.

    안티폴리스는 남프랑스의 다른 도시들처럼 로마의 식민도시였다가 1384년에서 1608년 사이에 그리말디(Grimaldi) 가의 손에 들어가 200년 이상을 지배당했다. 프랑스와 사보이의 경계에 있었던 이 도시는 두 나라들의 침공이 두려운 나머지 17-18세기에 도시 지역에 성채를 쌓아 올리게 된다.

    근대에 들어와서 인구가 늘어나고 건물이 밀집되자 시정부에서는 도시의 확장 계획을 세워 1894년 구도시를 둘러싼 성벽을 부수고 바깥

앙티브 해변의 마을

쪽으로 자연스럽게 뻗어 나갈 수 있도록 계획했다.

연초록으로 물들기 시작한 언덕 자락과 그 속에 우아한 집들. 보기만 해도 눈이 서늘해지는 것 같은 광경을 바라보며 발걸음을 옮긴다.

운치 있는 기차역에서 거리를 따라 내려간다.

유원지의 코끼리 열차 같은 조그만 열차가 거리에 다닌다. 이것은 자동차로 인해 도시가 황폐해지지 않도록 대중 교통수단으로 만들어졌다. 앙티브는 2개의 생활 거점을 가지고 있다. 하나는 드골장군 광장주변의 상업지역이고, 또 하나는 부둣가 주변의 구시가지(Viel Antibes)이다. 그리고 남서쪽으로는 2km에 걸친 해변지구(Juan-les-Pins)에 연결되어 있다.

가벼운 파도의 리듬 속에서 움직이는 배들이 정박해 있는 부두(Port Vauban)를 지나 성채로 오르는 층계를 올랐다. 해안 절벽을 따라 쌓아 올린 성채. 이 성채를 축조하느라 수많은 사람들이 동원되었을 것을 생각하니 발걸음이 가볍지만은 않다.

지중해를 발밑으로 하고 올라가다 보면 절벽 꼭대기에 그리말디 성이 또렷이 나타난다. 그리말디 가에서 지배했을 때 지어진 성으로 발 아래를 내려다보니 도시가 마치 피안에 들어 있는 것만 같고, 언덕 절벽을 오르는 사람들은 모두 바다를 안으면서 걷고 있는 듯이 보인다.

이름 모를 꽃향기가 짙게 코를 자극한다. 나는 그 향기가 그리말디 성안에서 오는 것을 금방 알아차렸다. 성으로 올라가자 다양한 크기의 꽃들이 투명하고 맑게 빛나고 있었다. 신선한 바다 공기, 근사한 중세 소도시가 또 다른 세상에 왔음을 알려 주는 것 같다.
꽃의 이미지와는 다르게 이 작은 고성은 차분하면서 을씨년스럽다.
이 성 안에는 피카소 미술관이 있다.
어느날 피카소가 미술관장에게 말했다.
"그리말디 미술관의 이름을 그리말디 대신 제 이름으로 바꿔주면 안 되나요?"
"그렇게 해 드리죠."
관장은 흔쾌히 승낙을 했단다.
그래서 그리말디 미술관은 피카소 미술관으로 이름을 바꿨다.
관장은 피카소에게
"그리말디성 안에 아뜰리에를 마련해 드릴 터이니 이 성에서 그림을 그리면서 여생을 지내시죠"라고 부탁을 했다. 피카소는 바다가 내려다보이는 이 전설적인 고성에 있는 아뜰리에를 거부할 이유가 없었다. 피카소는 이 곳에서 얼마 동안 그림을 그리다가 1939년 나찌의 파리 침공이 시작되자 서둘러 파리로 올라간다. 전쟁의 참상을 눈으로 보고, 그림으로 남기고 싶었기 때문이었다.

프로방스 사람들의 낭만적인 기질과 강렬한 태양, 그리고 넘실대는 지중해에 매료된 피카소는 전쟁이 끝난 1946년에 앙티브로 다시 돌아왔다. 이 번에는 푸랑스아즈 지로라는 연인과 함께. 두사람은 여기서 행복한 나날을 보내며, 거의 누드로 이 곳 해변을 거닐며 연정을 나누었다. '앙티브 밤의 낚시', '생의 환희', '율리시스와 사이렌' 과 같이 독창성이 돋보이는 그의 작품은 이 곳에서 이루어진 것이다.

그는 그리말디 성에서 그림을 그리면서 91살이라는 천수를 누렸고, 공식적으로는 두 명이지만 실제로 여섯 명의 아내를 맞이했다. 거기에다 1만 5천 점에 달하는 방대한 양의 작품을 남길만큼 대단한 창작혼

앙티브 구 시가지의 주택들

을 불태웠다. 한가지 그림을 그리다가 바로 다른 그림으로 전개시키고, 입체주의적 작품에서 표현주의로, 또 초현실주의로…. 왕성한 호기심은 창작의 원동력이 되었다. 그는 전쟁을 비판하고 섹스를 탐닉하면서 생명의 근원으로 삼았다. 그는 가끔 앙티브 해변가를 푸랑스아즈 지로 말고도 다른 연인들과 알몸으로 함께 걸으며 그림을 그렸다고 한다.

　흠잡을 데 없이 훌륭한 고성의 미술관에서 피카소의 숨결을 느끼며 여행객들과 함께 성을 내려왔다.

성을 오르면서 마주친 야생화들

그리말디 성채의 모습

이 작은 도시의 사람들을 보면
프로방스 여유로운 모습이 그대로 드러난다.

이들은 "아침은 여유롭고, 오후는 너무 서두르지 않게(Slow in the morning, not too fast in the afternoon)" 삶을 살아간다. 바쁜 생활과는 너무나 대조적인 모습이다. 이런 도시가 여름만 되면 재즈 페스티발로 도시전체가 뜨겁게 달아오른다. 재즈 속에 밤새도록 파묻히는 앙티브. 재즈 애호가들의 지상 천국으로 변하는 앙티브. 도시가 축제를 통해 이방인들에게 열정을 안겨주며 뜨거운 감동을 선물한다.

지중해, 해변의 배, 그리말디 성, 피카소, 재즈 페스티발…. 이 모든 것을 아우르는 앙티브는 세상과 우주, 아름다운 자연 속에서 지중해의 긴 역사를 묵묵히 이어가고 있다

nice,
france

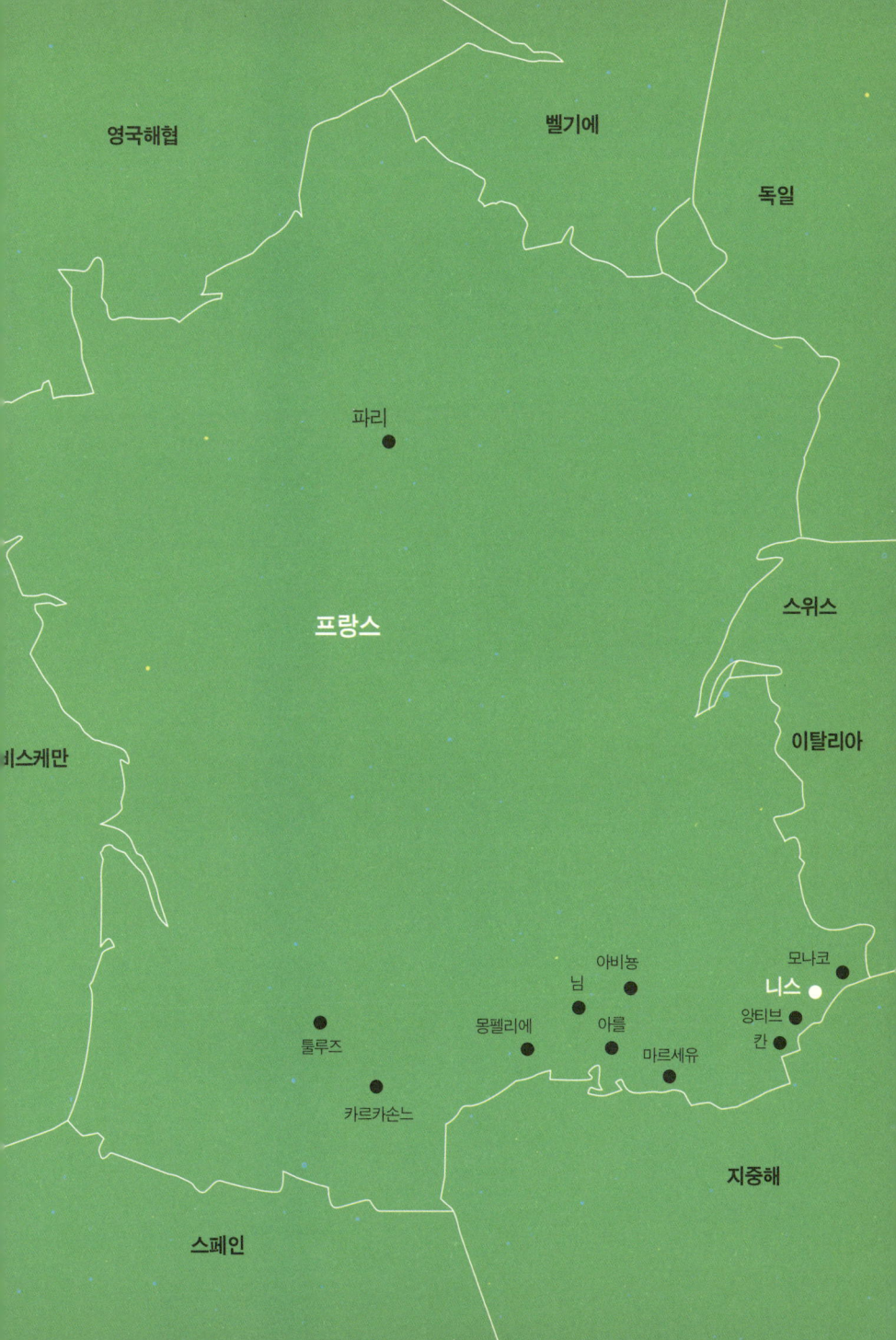

nice, france

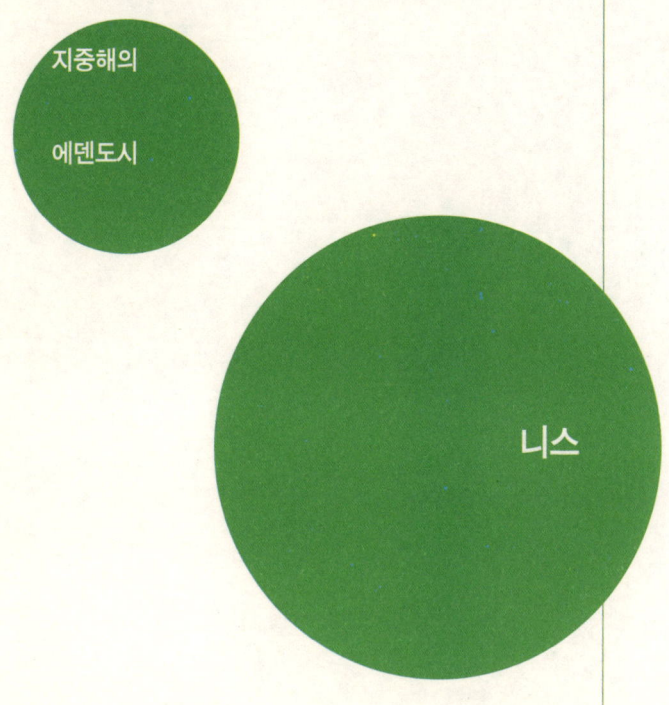

지중해의
에덴도시

니스

10

생전 처음 오는 곳인데도
익숙하고 낯익은 장소에
발을 들여놓은 것 같다.
베란다에 의자를 놓고
바다를 감상한다.
옅게 푼 수채화 물감처럼
햇살이
바다 위에 번지고 있다.

니스 해변가에 떠있는 요트

바람이 어깨를 끌어당기는 느낌에 번쩍 눈을 떴다.

오늘따라 바람이 강하게 분다. 바람이 나를 이 곳까지 이끌었다. 생전 처음 오는 곳인데도 익숙하고 낯익은 장소에 온 것 같다. 베란다에 의자를 놓고 앉아 바다를 바라본다. 옅게 푼 수채화 물감처럼 햇살이 바다 위에 번지고 있다.

햇살 속에 보라 비늘을 덮고 누워있는 라벤더 꽃길이 내 마음을 사로잡는다.

새파란 바다를 따라 해안가를 스쳐 지나다보면 어느새 니스에 닿는다. 감청색 해안이라고 부르는 꼬뜨 다쥐르 지방의 거점 도시인 니스. 지중해의 아름다운 바다와 뜨거운 태양이 만들어 내는 낭만을 만끽할 수 있는 곳이다.

니스의 본거지는 아름다운 해변이다. 하얀 모래로 덮인 다른 해변과는 달리 니스의 해변은 파도에 매끄럽게 다듬어진 자갈의 느낌이 특별하다.

나는 신발을 벗고 맨발로 자갈 위를 걸었다. 발에 닿는 따뜻한 자갈의 부드러움이 강하게 느껴진다. 나는 좀 더 속도를 내서 바다 안으로 뛰어갔다. 따뜻한 자갈밭을 지나 온 발을 차가운 물이 어루만진다.

19세기 말의 프랑스 시인 스테판 말라르메가 〈바닥의 미풍〉이란 시에서 "아 육체는 서러워라…"라고 했는데, 바닷가의 강한 바람에 흔들리는 꽃들의 운명을 노래한 것은 아닌가하는 생각이 든다.

호텔의 베란다에서 바라 본 지중해

바닷가의 꽃들

니스에는
유명한 누드비치가 있다.

우리는 용기를 내어 그 곳으로 향했다.

    먼저 수영복으로 갈아 입었다. 여러 번 망설이다가 몸에 걸치고 있는 거추장스러운 것을 모두 벗어 던진다. 바람이 몸을 어루만지듯 부드럽게 감싼다. 상상했던 것보다 몸은 편안하다. 마치 옷을 입고 있지 않은 것이 당연하다고 생각될 정도로. 깨끗한 바다와 내가 하나된 느낌이 든다. 해변을 천천히 둘러보았다. 누드비치라고 해서 아주 낯뜨거울 것이라고 생각했는데 전혀 그렇지가 않다. 사람들의 자연스러운 행동에 오히려 넋이 나간 듯 그들을 쳐다본다. 해변에는 가족들이 모여 서로 손을 잡고 백사장을 달리거나 비치 발리볼을 하고 있다.

누워서 선탠 하는 여자, 그 옆에서 오일을 발라주는 남자 등 그들은 눈에 보이지 않는 투명 옷을 입은 것 같다. 사람들은 모두 에덴동산에 있는 아담과 이브처럼 너무도 자연스러운 모습이다. 이것이야말로 자연으로 돌아가고픈, 자연이 되고픈 인간의 진정한 네추럴리즘(Naturalism)이 아닐까. 우리도 자연으로 돌아가고픈 충동에 물로 뛰어든다. 아니, 자연이 되고파서….

생각보다 물은 차지 않았다. 알몸에 느껴지는 깨끗한 물의 느낌을 즐기며 한참을 물 속에 떠 있었다. 마치 물 위에서 잠을 자고 있는 듯 눈을 감고 뜨거운 햇살을 즐겼다.

우리는 아쉬움을 뒤로 한 채 누드 비치를 빠져 나왔다.

이 도시의 아름다움은 바닷가의 혼잡으로인해 지쳐버렸다.

특히 여름 휴가철에는 더욱 그러하다.

"유럽과 세계 각국에서 몰려드는 관광객으로 인해 이 도시는 심한 몸살을 앓습니다."

도시 계획 담당자인 미셀 코르드의 볼멘 소리다. 때가 여름철이라 그런지 그는 산더미처럼 쌓인 일들로 인해 너무도 기진맥진해 있는 것 같다. 하지만 그는 신선한 바닷 바람이 부는 태양 아래에서 우리의 질문에 성의 있게 답하고 있다. 멀리 니스의 명소인 네그레소 호텔을 바라보며 우리는 벤치에 기대어 그의 얘기에 귀를 기울였다.

그는 파란 바닷가를 가리키면서

"니스는 축복받은 해변가와 깨끗한 바다, 그리고 카니발로 인해 성장할 것이고, 시민들도 풍족한 삶의 질을 보장받을 것입니다"라고 말하며 어깨를 으쓱거렸다.

"지중해와 태양이 있는 한, 신은 '마법의 니스'를 만들어 줄 것이오."

그의 말에 동조했다. 코르드와 같은 니스의 계획가들이 이 도시를

니스항에 정박해 있는 요트

니스의 누드비치에서

풍성하게 만들어 주는 것 같다.

　니스의 삶과 우리 도시의 삶에는 어떤 공통점이 있을까? 우리에게 만약 니스와 같은 환경이 주어졌다면 어떻게 만들어졌을까? 샤토라 불리는 언덕에 올라서면 발아래 푸른 바다가 직선으로 펼쳐진 니스 해안과 바다 위를 두둥실 떠다니는 흰 돛의 요트들이 자아내는 모습이 일품이다.

　유람선에는 약 80명 정도의 사람이 탑승했다. 유람선의 갑판이나 선실, 식당이 모두 깨끗하다. 배가 부두를 떠나자 날아가는 듯한 자세로, 맑은 바다를 가르며 찬란한 햇빛 속에 사람들을 한동안 들뜨게 한다.

　이어서 여기저기에 여러 모양으로 떠 있는 섬들을 애워싸고 돌며 우리에게 아름다움을 전해준다. 외롭게 바다 위에 떠 있는 섬들은 고독한 그리움에 목을 메는 여인처럼, 때로는 청순한 아름다움이 피어나는 첫사랑처럼 마음을 설레게 만든다.

니스 중심지의 네그레소호텔

이 도시를 보고 있노라면 우리도 근사한 해변 도시를 만들었으면 하는 생각이 든다. 독특한 장점을 최대한 살려나가는 도시, 그러면서도 나그네와 도시민의 삶의 질을 배려하는 도시가 바로 이곳이다.

전통과 현대가 조화를 이루며 살아가는 니스인들. 이 도시도 구시가지와 신시가지 두 개의 공간으로 나누어져 있다. 구시가지는 좁고 꼬불꼬불한 도로로 이루어져 있고, '샤토'라고 불리는 화강암 구릉의 서쪽에 자리잡고 있다.

구시가지로 들어가면 두꺼운 구름 속에 갇힌 뿌옇고 영롱한 언덕 위의 집들이 마치 하늘에 걸려 있는 듯하다. 저 집에는 수백 년 동안 사람이 살고 있다.

우리는 약 4km에 달하는 해변도로인 프롬나드 데 앙글레(Promenede des Anglais)거리로 들어간다. 이 거리는 신도시의 중심에 있는 거리다. 그리스인들이 이 곳에 들어와 살았기 때문인지 '그리스인의 산책로'라고도 부른다. 1822년부터 만들기 시작한 이 거리는 시원스럽게 늘어져있는 야자수 옆으로 음식점, 카페, 의류점 등이 유혹하듯 줄지어 있어서 마치 길게 펼쳐진 쇼핑몰을 보고있는 느낌이다. 자본의 물결이 이런 국제적인 해변 거리에 널려 있는 것은 어찌 보면 당연한 일이다.

쇼핑몰 주변엔 여러가지 꽃들이 강한 바닷바람에도 뽑히지 않으려는 듯 발버둥치고 있다. 탐스런 잎사귀와 꽃이 무성한 화초들. 아침 햇살 속에서 꽃을 보고 있노라면 코를 자극하는 향기와 아름다운 빛깔의 흔들림이 애처롭다.

초여름의 니스는
푸르고 화사하다.

갑자기 눈앞을 가로막는 커다란 야자수 잎사귀와 그 사이사이로 보이는 푸르디 푸른 바다를 보며 나는 끓어오르는 감동을 억제하지 못하고 걸음을 멈춘다. 화려하면서도 매혹적인 니스 축제도 이 거리에서 정점에 이른다. 매년 2월이면 니스라는 도시는 축제로 미쳐버린다. 주제도 다양하다. 니스 축제는 여느 도시들의 축제처럼 화려하고 아름답다. 이 축제는 프로방스의 백작 샤를르 영주가 카니발의 개막을 공식적으로 선언한 1294년부터 시작되었다. 이것은 베니스 카니발을 본 따 살롱과 실내 무대에서 주로 열리다가 18세기가 되어서 거리로 나가게 되었다. 1873년까지만 해도 사람들이 다양한 가면을 쓰고 서로에게 밀가루, 달걀, 색종이 등을 던지며 즐기는 축제였다고 한다. 최근에는 의상과 예술이 그 중심을 이루고 있다. 이 카니발 하나로 니스는 세계적인 '축제도시'로 부

구시가지 언덕위의 집들

상했다. 축제가 도시를 살렸다고나 할까.

송도, 해운대, 강릉 등 우리의 해안 도시를 살펴보면, 횟집, 포장마차, 거기에 차량들로 북적대는 해변에 들어서는 순간 눈살을 찌푸리게 한다. 홍상수 감독의 영화 〈강원도의 힘〉에서도 일상에 찌든 이들이 찾는 곳은 여전히 탁 트인 바닷가였다. 마음속 고향처럼 우리를 불러들이는 그리운 바닷가와 모래밭은 일단 발을 디디는 순간 다시 짜증으로 뒤범벅된다. 우리에게도 이렇게 멋진 해변 도시가 하나쯤 있었으면 하는 바람을 갖게 되는 것은 어쩌면 당연한 생각이 아닐까.

내 마음을 휩쓸고 있는 바닷바람은 저녁의 선선한 날씨에도 아랑곳 하지 않고 나를 더 뜨겁게 달군다.

니스, 더 크게는 지중해의 풍광은 예술가들에게 언제나 영감의 대상이 되었나보다. 이 곳 미술관에서는 근대 미술가들의 작품 전시회가

니스의 축제를 보면서

일상처럼 열리고 있다. 시민들과 방문객들이 피카소, 마티스, 뒤피, 앙드레 마쏭, 이브 크라인 등의 작품들을 수시로 접할 수 있도록 미술관을 배치한 시 당국의 배려가 곰살스럽다.

니스는 여러가지 꽃이 어우러져 있는 화단과 같다. 화려하고 시끄러운 바닷가의 풍경이 있는가 하면 '마세나'와 같은 산책로가 있어 시민들이 차분히 산책할 수 있도록 해준다. 광장과 정원이 자연스레 연결되어 있는 마세나 광장과 정원(Jadin de Place Massena)은 도시의 명소다. 이 광장은 동서 방향으로 길게 뻗어 있고, 북쪽을 향해 경사를 이루고 있다. 마세나에 이르면 어느 영국 도시에 들어와 있는 것 같은 일시적인 착각을 일으키기도 한다. 여행의 피로를 말끔히 없애주는 산책로를 걷고 있자니 조금 더 머무르고픈 충동을 느낀다.

나는 30분쯤 차로 달려 향수로 유명한 그라스(Grasse)로 향한다. 향수가 프랑스에 알려진 배경에는 쓰라린 아픔이 있다. 권력에 눈이 먼 카트린 왕비의 잔인하고 냉혹한 모습. 나는 그라스로 향하는 차에서 몇 년전 읽었던 패트릭 쥐스킨트의 〈향수〉(Das Parfum, 1985년)를 떠올린다. 순결한 처녀들을 죽여 지상 최고의 향수를 만들려는 기괴한 주인공의 얘기를 담은 소설로, 18세기 파리 뒷골목의 모습과 향수에 집착하는 주인공의 모습이 그려진다. 여자의 향기가 코를 자극하면 남자들은 그 여인을 사랑하게 된다고 했던가.

고대에서 향수가 신상(神像)을 단장하는 등 종교의식에 사용됐다. 그리고 남편을 붙잡아 두거나 연인을 매혹시키기 위해 향수를 사용했다. 이집트와 로마의 여인들은 향이 나는 물에 몸을 담갔다고 한다. 그러나 향수의 값은 무척 비싸서 알렉산드로스 대왕이 아시아 원정길에 나선 것도 향수를 얻기 위해서였다. 향수는 엄격한 십자군 시대에도 교회가 사용을 허가한 보기드문 가공 제품이었다. 르네상스 시대의 사람들은 장미

중국 도자기에 담긴 향수

진열장에 전시된 여러 종류의 향수

와 오렌지나무 꽃, 월하향, 재스민향이 나는 크림을 손과 얼굴에 발랐다. 그러다가 가장 기초적인 위생도 지켜지지 않던 17세기부터는 악취를 없애기 위해 자극적인 향수가 보급되었다고 한다.

루이 15세의 왕궁은 향수의 왕궁이나 다름없었다. 퐁파두르 부인은 오늘날 100만 프랑에 달하는 향수를 1년만에 사들였다.

나는 향수의 지난 역사를 더듬으며 그라스의 향수 공장으로 향했다.

공장은 생각보다 그리 크지 않았다. 그 곳엔 라벤더향을 비롯해 꽃향이 가득하다. 안내원이 향수를 종이에 묻혀 코 근처에 대고 흔들어준다. 상큼한 라벤더향이 부드럽게 코를 자극한다. 오드뚜알렛, 퍼퓸, 오드 퍼퓸, 오드콜로뉴, 샤워 코롱에 이르는 여러가지 향수들이 진열장을 가득 채우고 있다. 수많은 꽃들이 피어 있는 지중해의 자연 환경은 세계 여성들을 매혹시키는 향수를 만들어내는 데 최상이라고 한다. 눈을 감고 향기에 집중하자. 아름다운 꽃밭에 있는 것 같은 착각이 든다. 향수가 몸을 감싸듯 내 몸에 붙어 있다.

니스란 도시는 여러가지 성격을 가지고 있다.

휴양도시이기도 하지만 프랑스에서 손꼽는 공항을 가진 도시, 철도와 도로가 맞닿은 도시, 풍부한 문화시설의 도시, 축제의 도시 등 니스의 얼굴은 각양각색이다. 여기에 시인 폴 발레리가 총장을 지낸 상트르위니베시터르 메리테라네앙 대학이 지성의 색깔을 더해 이 도시를 더욱 돋보이게 한다.

monaco,
france

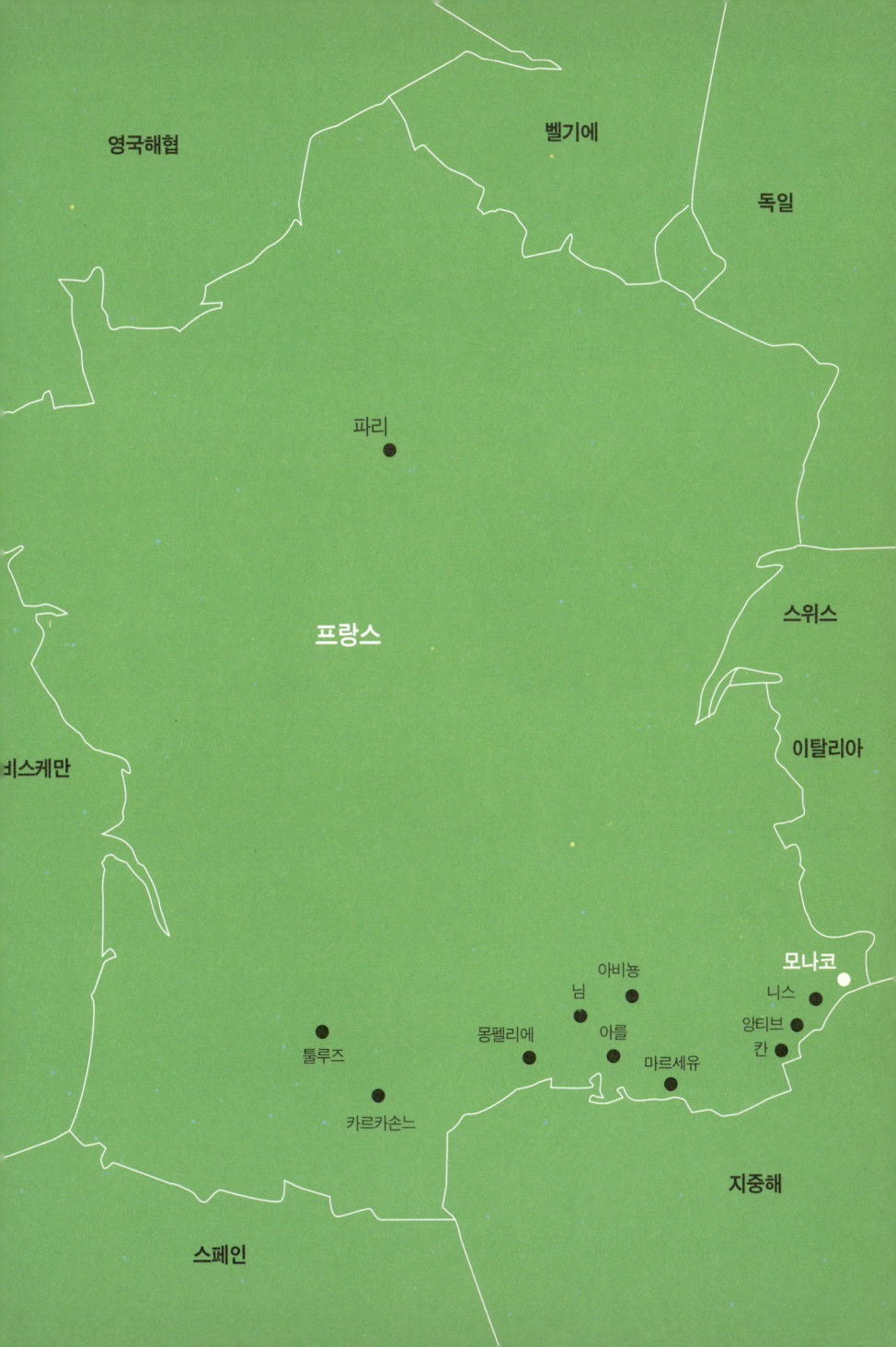

monaco, france

오!

그레이스 켈리

모나코

11

어느새 우리가 타고 있는 차는
모나코에 이르는 산길을
달리고 있다.
봄이 지중해의 영혼이라면
여름은 찬란한 생명체라고할까.
발아래로 펼쳐지는
바닷가의 모나코가 하나의
생명처럼 꿈틀거리고 있다.

모나코의 전경

모나코 시내의 광장

어느새 우리가 탄 차는 모나코에 이르는 산길을 달리고 있다.
　웃자란 나무들이 언덕을 치고 올라와 길가를 덮고 있다. 봄꽃이 지고 환영만 남은 길이지만 무성해진 나뭇잎이 가슴까지 녹색으로 물들인다. 봄이 지중해의 영혼이라면 여름은 찬란한 생명체라고 할까. 발아래로 펼쳐지는 바닷가의 모나코가 하나의 생명처럼 꿈틀거리고 있다.
　세 번째 방문하는 나그네에게도 모나코는 여전히 아기자기한 모습으로 다가오고 있다.

어린 소녀의 앙증맞은 모습처럼
모나코는 작고 귀여운 모습 그대로다.

모나코는 그레이스 켈리 왕비를 잊지 않기 위해 몸부림을 치고 있는 것 같다. 1982년 자동차 사고로 돌아올 수 없는 곳으로 떠나버린 켈리. 모나코로 가는 절벽의 해안도로에서 켈리 왕비가 운전하던 자동차는 커브 길을 벗어나 낭떠러지로 굴러 떨어졌다. 차는 나무숲에 걸렸으나 그녀는 곧 세상을 떠났고, 함께 타고 있던 스테파니 공주만 구사일생으로 살아남았다. 우아하고 지적이며 조용한 미국인으로, 끊임없이 남편과 자식들을 돌보면서 왕에 대한 내조를 게을리 하지 않았던 그레이스 켈리. 그녀는 모나코를 세계에 알리는데 큰 공헌을 했다. 그레이스 켈리는 죽었으나 지금도 그녀의 명성은 여전하다.

모나코의 어머니 같은 존재인 켈리는 1952년 〈하이 눈〉(High Noon)에서 보안관(게리 쿠퍼 분) 부인 역을 맡으면서 연기를 시작했다.

곧이어 그녀는 〈컨츄리 걸〉(The Country Girl)이란 영화로 오스카 여우주연상을 받으며 인기 절정에 오른다. 1954년 칸영화제에 참여한 켈리에게 운명적으로 나타난 신사, 모나코의 왕 레이니에. 그가 켈리의 남편이 될 줄은 아무도 생각지 못했으리라.

1956년 그레이스 켈리의 친지 50명을 실은 호화 유람선은 아름다운 모나코의 항구에 닿는다. 작열하는 태양 속에 레이니에 왕이 직접 요트를 몰고 나가 켈리를 열정적인 키스로 맞이한다. 그것은 두 사람의 가슴 벅찬 만남이었다. 반짝거리는 금발에 가슴이 깊이 파인 긴 드레스를 입은 켈리와 지중해의 푸른 바다를 등 뒤로 그녀를 안고 있는 레이니에. 상상만 해도 너무 아름다운 모습이다.

그레이스 켈리를 기억하는 사람들은 말한다.

"우리는 아직도 켈리와 그녀의 영화를 기억하고 있어요. 그녀의 화려하고 아름다운 모습, 그리고 그녀의 남편과 가족까지. 너무 멋진 여자였죠. 하지만 이제 그녀는 한 시대를 풍미한 비운의 왕비로 기억의 저편에 존재하고 있죠. 그 아름다운 모습까지도요…"

시내에서 바라본 바다 그리고 수평선

켈리를 생각하며
바다끝 저 멀리 수평선을 바라다 본다.

이미 해는 뉘엿뉘엿 저물고, 바다는 황금빛으로 물들고 있다.

고대 페키니아인들은 북지중해 전역을 통치했다. 작은 나라 모나코도 예외는 아니었다. 이 곳에는 옛날 헤라클라스를 모셨던 신전이 있었지만, 지금은 그 흔적조차 찾을 수 없다. 이것을 한 때 모나이코스 (Monaikos) 즉 '유일한 뜻' 이란 의미로 일컫던 전통에서 모나코란 이름이 유래되었다고 한다. 그 후 모나코는 남프랑스의 다른 항구 도시처럼 그리스에 이어 로마의 식민지가 되었다. 그 다음에는 무어족(이슬람)에게, 11세기에는 제노바의 그리말디 가에 지배를 받기 시작한다. 그러다가 12세기엔 신성 로마제국으로 넘어간다. 그리말디 가는 1297년에 다시 모나코에 입성하여 오랫동안 지배하면서 도시를 그들의 방식대로 변화 시켰다. 1793년 비로소 프랑스영이 되었지만, 1814년 비엔나협약에 따라 다시 그리말디가에 되돌아갔다. 1961년 현재의 국가경계(면적 1.95㎢)가 그어지자 마침내 프랑스 보호 속에 독립하기에 이르렀다. 인구 3만 2천명(2002년 기준)의 작은 나라이며, 60%를 프랑스인이 차지하고있다.

성당 꼭대기에서 은은한 종소리가 울려 퍼진다.

약간 비탈진 길을 따라 모나코의 대성당으로 향한다. 커다란 문이 열리면서 눈부시게 흰 웨딩드레스를 입고 환하게 웃는 신부와 그녀의 손을 잡고 뛰어 나오는 신랑이 보인다. 이제 막 결혼식을 마친 모양이다. 두 사람을 축복하는 하객들은 그들의 머리 위에 꽃가루를 뿌렸다. 햇살을 받은 신부의 환한 얼굴엔 미소가 끊이질 않는다.

달콤한 키스가 끝나고, 손을 흔들며 오픈카에 오르는 두 사람. 그들은 해안도로를 따라 어디론가 둘만의 공간으로 떠날 것이다. 그들의

모나코의 대성당

　행복한 모습을 바라보는 우리의 얼굴에도 미소가 번진다.
　　성당을 빠져 나와 우리는 북쪽 항구에 인접한 라콩다민으로 간다.
　　여기는 모나코의 중심인 상업 업무지구이다. 인적이 드문 항구의 끝까지 걸어갔다. 갈매기가 선착장에 우두커니 앉아 있다가 우리가 다가가자 후드득 날아간다. 퐁비에유 지구는 남쪽에 있는 매립지인데 리

라콩다민을 거닐면서

큐어와 향수 같은 산업으로 특성화되어 있다.

땅덩어리가 아주 작다보니 매립이라도 하지 않으면 안 되는 상황인가보다. 향수를 홍보하는 아리따운 프랑스 엑센트의 여성이 "손을 저에게 주세요. 향수를 발라 드릴게요." 하자 남자들이 너도나도 손을 내밀면서 그녀의 몸매를 살피느라 정신이 없다.

동쪽의 항구에는 바닷물 반, 호화요트 반이다. 알베르 공이 정비한 이 항구는 면적이 18,900㎢에 달하고 수심이 27m에 이른다. 항구에는 다정하게 요트로 들어가는 연인, 요트여행을 하고 방금 들어온 백발의 노부부, 요트를 수리하느라 정신 없는 중년의 남자 등 모두가 인생의 한토막을 즐기며 사는 사람들로 시끌벅적하다.

우리는 모나코의 유명한 카지노인 몬테카를로로 향했다. 투명한 공기 속에 먼 하늘을 물들이는 낙조가 점점 짧아간다. 붉게 물든 노을에 감싸여 있는 카지노 빌딩은 마치 궁전같이 호화롭고 웅장한 건물이다. 중세에 지어진 듯한 건물이 눈부신 외관을 자랑하며 서 있다. 안으로 들어가니 불빛 아래 사람들이 옹기종기 모여 블랙잭, 바카라 등에 몰두해 있다. 한쪽 코너에서는 슬롯 머신을 당기는 사람들로 분주하다.

"어서 오십시오, 꼬레아 여러분, 이 카지노를 여러분의 집처럼 편안하게 생각하시고 마음껏 즐기세요. 그래야 돈도 따게 되고, 재미도 볼 수 있죠"라는 지배인의 말을 뒤로 하고 카지노를 기웃거린다.

초미니 스커트를 입은 늘씬한 여인들이 부지런히 음료를 날라댄다. 부자들은 좀 더 벌어 보려고, 가난한 사람은 가난에서 벗어나기 위해, 관광객들은 호기심으로 카지노에 빠져있다. 이 곳은 도시에서 철저하게 고립된 그늘 속의 별천지다. 이 곳에 빠져들면 내 영혼은 서서히 죽어갈 것 같은 생각이 스쳐갔다. 결국 돈을 따서 횡재를 바라는 인간의 끝없는 욕심이 인생을 파멸로 이끌어 가는 것 같아 마음이 무거워졌다.

모나코의 카지노는 황금알을 낳는 거위다. 그 만큼 국가 경제에 기여해 왔다. 그래서 세금이 없는 나라이긴 하지만 최근 카지노 손님이 세계 부호에서 일반 관광객으로 바뀌면서 카지노 경기가 불황이라고 한다. 최근 모나코 정부는 몬테카를로 지구 일대를 국제 금융 도시로 변화시키려는 야심찬 계획을 추진하고 있다.

어둡고 답답한 카지노를 뒤로한 채 밖으로 나온 우리는 두 팔을 벌리고 이 항구 도시의 맑고 시원한 공기를 들이 마셨다.

지중해 위에 떠 있는 별이 어두운 바다 위를 살포시 비추며 물결을 따라 조심스럽게 출렁거린다

항구에 정박해 있는 요트들

초판 1쇄 인쇄 2005년 7월 1일
초판 1쇄 발행 2005년 7월 5일

지은이 _ 원제무
펴낸이 _ 이상림
펴낸곳 _ 공간사

총괄 _ 박성태
편집 _ 김혁준, 김정은
디자인 _ 임창순
출력 및 인쇄 _ 해인기획

수채화 기행

2

주소 _ 110-280 종로구 원서동 219번지
전화 _ 02)747-2892
팩스 _ 02)747-2894
등록 _ 1978년 4월 25일 제1-18호
전자우편 _ webmaster@vmspace.com
홈페이지 _ www.vmspace.com

ⓒ원제무 2005

* 이 책의 판권은 지은이와 (주)공간사에 있습니다.
  이 책 내용의 전부 또는 일부를 재사용하려면 반드시 양측의 동의를 받아야합니다.
* 잘못된 책은 바꿔 드립니다

ISBN 89-85127-12-8
정가 8,000원